D1387255

« RÉPONSES »

Collection dirigée par Joëlle de Gravelaine

CATHERINE BENSAID

AIME-TOI, LA VIE T'AIMERA

Comprendre sa douleur
pour entendre son désir

ROBERT LAFFONT

ISBN 2-221-07397-5

SOMMAIRE

1. FRAGMENTS DU DISCOURS SOMATIQUE / 13

2. LA PENSÉE MALADE DE SON PASSÉ / 29

3. COMPRENDRE SA DOULEUR / 59

4. À L'ÉCOUTE DE SON DÉSIR / 89

5. L'IMAGE ET LA SENSATION / 115

6. LE MOI MALADE / 137

7. LA PENSÉE ÉQUILIBRÉE / 165

8. LA PENSÉE LIBÉRÉE / 187

TABLE DES MATIÈRES / 217

SOMMAIRE

« Je n'ai plus ma tête à moi. » Sommes-nous toujours maîtres de nos pensées ? N'ont-elles pas une vie autonome, nous rendant tour à tour tristes ou joyeux, enragés ou peureux, calmes ou anxieux ? N'est-on pas contraint à vivre, sous la forme d'un dialogue intérieur, un conflit permanent entre deux moi : celui qui désire être heureux et celui qui nous rend la vie impossible, celui qui croit savoir et celui qui ne comprend plus rien, celui qui veut agir et celui qui ne peut pas ?

Notre monde intérieur est sans cesse parasité par des pensées qui nous sont imposées, et qui nous donnent parfois de la vie une vision plus dramatique qu'elle ne l'est : nous interprétons à tort certains faits et gestes d'autrui, et nous allons jusqu'à nous rendre malades dans des situations qui, nous le savons bien, n'en valent pas la peine. Il semble qu'un autre en nous se complaise à nous raconter des histoires tristes, un double qui nous juge avec sévérité et nous inhibe alors qu'il nous faudrait être particulièrement éloquents : à croire que nous portons en nous notre propre ennemi !

« Par une sorte de dédoublement permanent, je commente mes propres actes, les justifie ou les condamne.

Quoi que je puisse faire, il y en a toujours un autre pour me regarder faire ; et si j'y trouve du plaisir, cet autre fait tout pour tourner en dérision ce que je ressens. » D'où viennent toutes ces pensées ? Pourquoi ces autocritiques permanentes ? Sont-elles la prolongation des reproches de l'enfance, la conséquence de ces regards du passé encore trop aliénants ?

Notre tête est sans cesse envahie par des retours en arrière sur un passé qui n'en finit pas de nous faire souffrir, et par une appréhension du futur qui nous laisse en proie à une angoisse irraisonnée. Mais faut-il éternellement nous laisser submerger par ces maladies de la pensée ? Sommes-nous, prisonniers d'un système de pensée, condamnés à le répéter indéfiniment sans pouvoir réagir ?

« Monsieur mon passé, laissez-moi passer. » S'il est une sorte de déterminisme, conséquence de notre passé, qui nous induit à suivre une direction plutôt qu'une autre, il faut savoir que la prise de conscience des mécanismes complexes mis en jeu est déjà un moyen de s'en libérer. Seule la compréhension de ce qui fait mal peut permettre un jour d'en guérir.

Nous sommes sans cesse manipulés par des forces obscures qui nous échappent, des forces inconscientes qu'il nous faut subir. Même quand nous croyons être maîtres de nos désirs, nous ne faisons qu'obéir à ceux que les autres ont créés pour nous, même quand nous croyons vouloir notre bonheur, nous faisons parfois de telle sorte qu'il nous échappe. Nous imputons à l'autre, ou à des circonstances de la vie, des impossibilités qui sont les nôtres.

Mais les pensées qui nous traversent l'esprit, tout étrangères et dérangeantes qu'elles soient, nous en avons conscience. Nous avons le pouvoir de les entendre ; et nous en avons même le devoir. Elles nous permettent, à en déchiffrer le sens, d'avoir accès à ce monde invisible qui nous gouverne. Nous pouvons ainsi apprendre peu à peu à guider nos réflexions dans la bonne direction, loin des chemins tortueux qu'elles semblent être trop facilement tentées de suivre.

De ce travail sur soi, patient et subtil, peuvent résulter des modifications de certains modes de fonctionnement, une transformation de la vie au quotidien. Changements qui surviennent en leur temps, temps nécessaire au travail de l'inconscient, mais changements auxquels nous devons faire confiance. A travers un mot, une phrase, un comportement, dans le discours des autres, souvent reflet de nos pensées intimes, nous trouvons matière à réflexion, laquelle fera parfois un long chemin dans notre tête avant que nous puissions en voir les effets.

Nous sommes alors capables de trouver la solution à nos maux, la réponse la mieux adaptée à chaque circonstance de notre vie. Réponse qui est en nous, mais que nous ignorons le plus souvent, et que nous croyons à tort devoir attendre de l'extérieur. Nous et nous seuls sommes capables de savoir ce qui est bon pour nous. Il n'est pas de solution miracle généralisable pour tous : ce qui est vrai pour certains ne l'est pas pour d'autres.

Nous pouvons prendre en main notre vie, faire de telle sorte de nous libérer de ces liens douloureux du passé pour créer de nouveaux comportements ; nous sommes heureux alors de constater combien il peut être simple d'effectuer ce qui jadis semblait si complexe, de même qu'il est bon d'agir là où nous étions convaincus auparavant de ne pouvoir que subir. A nous de découvrir dans les méandres de notre discours intérieur ces douleurs qui nous empêchent de vivre, afin de laisser place à ces désirs qui nous font vivre.

1.

FRAGMENTS DU DISCOURS SOMATIQUE

La pensée qui fait mal

> « Sois sage, ô ma douleur
> et tiens-toi plus tranquille ! »
> BAUDELAIRE, *Les Fleurs du mal*

« Rien que d'y penser, ça me rend malade. » Que faire contre ces pensées qui ont le pouvoir de nous rendre malades ? N'a-t-on pas à subir en permanence leurs effets sur notre état de santé physique ? De quel droit les mots du corps viennent dire tout haut ce que nous pensons tout bas ?

Des signes extérieurs, reflets visibles d'un malaise que nous aurions préférer garder secret, dévoilent avec impudeur notre monde intérieur. Ne sommes-nous pas trahis par notre propre émotivité ? Ne nous arrive-t-il pas de rougir ou de trembler à l'instant même où nous aurions préféré cacher notre timidité ? Nos sentiments ne se laissent-ils pas facilement découvrir par la tonalité de notre voix ou l'intensité de notre regard ?

« Dès que je suis émue, j'ai les mains qui deviennent moites, ou parfois je me mets à avoir des palpitations ; c'est incroyable ces réactions qui se mettent en marche à toute vitesse... puis qui s'arrêtent ensuite, soudain, on ne sait pas pourquoi ! Tout cela en dehors de tout contrôle de ma part ! » Ces contrariétés nous indignent d'autant plus qu'elles sont toujours imprévisibles et semblent échapper à toute logique. « Je sais que mes douleurs dans le ventre peuvent être d'origine psy, et pourtant en ce moment j'ai mal et je suis très bien dans ma peau ! » « Pourquoi mes migraines surviennent tous les dimanches, juste au moment où je peux enfin me reposer ? » « Pourquoi ces cystites à répétition, alors que les médecins me disent que je n'ai pas d'infection ? » « Pourquoi je me réveille toutes les nuits à trois heures du matin, à croire que j'ai une horloge dans la tête ? » « Pourquoi cette crise d'angoisse dès que je me trouve dans un lieu fermé ? Je sais que c'est ridicule mais le fait de le savoir ne change rien. »

« Je ne comprends pas, souvent je me regarde vivre, et je me dis que c'est moi... et c'est pas moi. » Ne sommes-nous pas parfois confrontés à une image miroir de nous-mêmes qui nous surprend comme si nous y découvrions un inconnu, un personnage qui nous est étranger dans ses sentiments comme dans son comportement ? « J'ai l'impression de ne rien comprendre à mes comportements ; comme si j'étais hors de moi. J'ai envie de pleurer rien que d'y penser ; je gâche tout par des attitudes que je ne peux pas m'expliquer. Après je regrette. »

On peut être pris d'un fou rire lors d'un enterrement et pleurer le jour de son mariage... On peut soudain être joyeux pour un rien et avoir le cœur lourd quand « on a tout pour être heureux »... On est capable de désirer l'impossible et de s'en désintéresser le jour où on peut l'obtenir... Et on fuit parfois ce qui nous a pourtant toujours fait rêver... « Quand je suis dans une situation qui devrait me plaire, ma tête est convaincue du plaisir que je devrais en retirer, mais j'ai comme un nœud au niveau de la poitrine, je ne peux être bien. Comme si mon corps, lui, m'interdisait ce plaisir. »

Les émotions viennent souvent contredire ce que nous nous évertuons à croire nous concernant. « Quand je veux me convaincre que je n'ai pas le trac, mon cœur se fait un malin plaisir de me prouver à quel point je m'induis en erreur. » N'étaient ces manifestations parasites qui donnent à voir ce que l'on aurait voulu ignorer, nous pourrions garder l'illusion d'avoir toujours un pouvoir de contrôle sur nos pensées et sur nos actes.

Mais force nous est de constater qu'il n'en est rien. Même si on décide de détourner ses pensées de certains sujets particulièrement douloureux, ou si on désire les chasser de notre esprit quand elles sont « mauvaises », avec la volonté de les remplacer par d'autres plus sages et infiniment plus raisonnables, on ne les empêche pas de suivre leur propre chemin jusqu'à se rendre visibles, à nos yeux comme aux yeux des autres, par des manifestations trop dérangeantes pour passer inaperçues.

Les pensées semblent posséder une vie autonome, et nous imposent des humeurs toujours changeantes au point de nous donner parfois la sensation d'assister au spectacle de notre propre vie. « Ma pensée oscille sans cesse entre le haut et le bas ; s'il ne tenait qu'à moi, je maintiendrais toujours l'aiguille orientée vers le haut... mais je ne sais d'où vient ce déclic qui la fait malgré moi changer de direction. » Nos réveils ne sont-ils pas à l'image de ces fluctuations ? Si nous sommes heureux de vivre, nous recevons la lumière du jour avec sérénité et enthousiasme ; désespérés, nous affrontons avec inquiétude un monde qui n'est devenu qu'étrangeté et hostilité... « Je ne sais pourquoi, soudain, un matin... tout est habillé en noir. » « Dès le réveil, je sens l'angoisse m'envahir, comme le réveil d'un condamné à mort. »

Parfois les obstacles qu'il va falloir vaincre sont connus, et la fatigue peut s'expliquer par la prévision de tous les efforts qu'il va falloir accomplir. Mais le plus souvent les raisons qui rendent de bonne, ou de mauvaise humeur, restent mystérieuses. « Je vis sur des montagnes russes. Je ne comprends pas pourquoi un jour je suis légère et pleine d'entrain et le lendemain j'ai l'impression d'avoir le monde sur mes épaules. »

Cette absence de maîtrise sur nos états d'âme, cette sensation de ne pouvoir ni contrôler ni comprendre ce qui contribue à nous apporter ou à nous retirer la pulsion de vie indispensable à notre bien-être, risquent de nous faire perdre peu à peu toute confiance en nous. « Quand je me sens bien, j'ai toujours peur que cela ne dure pas. Je sais que c'est si fragile... » La sensation d'anxiété, qui pourrait être latente, peut progressivement devenir permanente.

On n'est plus alors que le jouet malheureux de ses propres pensées. « Je suis épuisé par toutes ces pensées qui me traversent l'esprit en permanence... il y a des moments où je voudrais pouvoir arrêter de penser... » Comment arrêter ce flot ininterrompu de pensées qui nous empêchent de trouver le moindre repos, et même de dormir ? Si une accalmie provisoire permet enfin l'endormissement, le processus semble s'être poursuivi pendant le sommeil, provoquant un réveil précoce qui nous remet brusquement en contact avec ces préoccupations douloureuses que nous voulions fuir.

Pire, ces pensées têtues et obsédantes prennent à la faveur de la nuit et du silence non seulement une ampleur démesurée, mais également une tonalité de plus en plus sombre ; l'angoisse ne fait alors que s'accroître et éloigne encore davantage le sommeil tant attendu. « La nuit je ne peux dormir parce que je pense. Je me fais des scénarios horribles, et ça me donne des crampes dans tout le corps. »

Les idées noires qu'il serait tant préférable d'oublier reviennent amplifiées par la succession de ces nuits blanches. Et il est de plus en plus difficile d'avoir la distance nécessaire pour pouvoir échapper à l'emprise de ce cinéma négatif : même s'il donne une vision dramatique et peu réaliste de l'existence, il est devenu la réalité. Couverts de frissons quelle que soit la température ambiante, tremblants soudain sans raison apparente, la sensation de malaise est telle que toute approche est vécue comme une agression, et que tout ce qui pourrait apporter une quelconque réassurance n'est plus d'aucun effet.

Cette souffrance morale isole celui qui la subit du monde qui l'entoure par un rideau de larmes et de contrariétés ; et elle est d'autant plus insupportable qu'il est impossible d'en donner une définition précise, qu'il n'existe aucun élément extérieur, comme pourrait l'être un virus, pour en porter toute la responsabilité. « J'ai senti que je pouvais être déprimée, alors j'ai été voir mon médecin. C'est horrible la dépression, personne ne comprend ce que vous avez ! » Ce passage dans un lieu qui se situe entre la vie et la mort, cet irrémédiable « décalage » entre ce qui se vit et ce qui pourrait se vivre, donne à chaque instant un arrière-goût d'amertume. La vie, ainsi, « ne vaut plus la peine d'être vécue ». « Quand on est mal, on fait des choses, mais on ne vit pas. »

Dans cette souffrance, la vie semble s'être arrêtée ; tan-

dis que tout autour, le monde continue sa course. Les
« autres » s'agitent dans tous les sens, mus par une pulsion de vie qui est devenue totalement incompréhensible.
Où vont-ils ? Ne sont-ils pas convaincus de l'absurdité de
toute chose ? Comment peuvent-ils croire suffisamment à
un but, quel qu'il soit, pour trouver l'énergie de se battre ? Il semble impossible de retrouver la pratique d'une
langue devenue désormais étrangère ; cette langue qui,
pourtant dans un passé encore récent, un avant presque
inimaginable, était tout à fait familière.

« Je ne dirige plus ma vie, je suis complètement per-
due... La moindre décision devient un problème inextri-
cable et le temps me paraît alors infiniment long ; je ne
vois pas quand je pourrai enfin être libérée de toutes ces
questions qui me tourmentent ! » Cet état dépressif est si
pénible que le besoin devient impératif d'être au plus tôt
soulagé de ces pensées de torture, que ce soit dans l'alcool
ou tout état second provoqué par des drogues, médica-
menteuses et autres.

Et c'est ainsi que, par une sorte de démission involontaire, nous pouvons laisser venir la maladie : « Cette
grippe, je sais que je l'ai vue arriver et j'ai même accepté
qu'elle s'installe. Je me disais justement, avant qu'elle
n'arrive, que je n'en pouvais plus... » Pourtant on ne peut
pas se permettre d'être malade dans une société où personne n'a de temps à perdre et où il est indispensable
d'avoir une bonne et solide santé pour pouvoir se défendre contre l'adversité : « Je constate que je tombe très souvent malade pendant les vacances, comme si je me donnais
enfin la possibilité de l'être. »

Il devient de plus en plus difficile de porter à bout de
bras une telle souffrance, et par extension une vie qui semble désastreuse. « Quand je me sens mal, j'ai l'impression

d'avoir envie de vomir ma vie, de vomir ma personne tout entière. » Nous voulons déposer hors de nous le poids d'une trop grande difficulté à vivre, remettre entre les mains des autres, parents, amis, médecins, une lutte dans laquelle nous nous sentons totalement désarmés.

« Je n'ai plus envie de rien sauf d'être au fond de mon lit. » L'absence de désir caractérise l'état dépressif : il en représente le symptôme le plus lourd à porter. L'angoisse, même très douloureuse, sous-entend la permanence d'un désir : désir de vivre autrement, désir malheureux, mais désir présent. Car même si on éprouve révolte et insatisfaction face à un désir inassouvi, cette révolte et cette insatisfaction sont encore un témoin de notre force de vie.

Mais, face à des échecs répétés, envahi par la déception ainsi que par un sentiment de frustration intolérable, il devient de plus en plus difficile de croire à la réalisation possible de ses désirs ; au point que l'on risque de ne plus avoir progressivement la moindre idée de ce qu'ils peuvent être. « Je ne sais même plus ce dont j'ai envie. Je peux m'inventer des désirs, mais je n'y crois plus ; et je n'ai plus envie de me battre pour quoi que ce soit. »

Les pensées négatives finissent par prendre une place telle qu'elles ne laissent aucun espace à l'émergence de nos désirs. Et avant qu'il ne soit plus possible de nous exprimer autrement que par l'intermédiaire d'un corps souffrant, et de laisser ainsi notre vie nous échapper dans la maladie, il faut comprendre le pourquoi de ces douleurs afin d'en guérir autant que possible. Nous pouvons ainsi donner enfin libre cours à notre désir : le désir d'une pensée libre de choisir ce qui est bon pour nous.

La pensée désirante...

« L'homme est désir » (Pascal). Même absent d'une réalité palpable, le désir est toujours présent : de la forme neutre, presque invisible, à la forme passionnelle d'une violence insoupçonnée, il est prêt selon les circonstances à prendre les apparences les plus diverses. Il est tel une source qui, sitôt tarie, est déjà sur le point de s'extérioriser à nouveau : il est préexistant à toute excitation extérieure.

Quand le désir s'impose à nous, sous la forme d'une idée, d'une sensation ou d'une émotion, il n'est jamais facile de savoir où il a trouvé sa source : dans une part de nous-mêmes qui, restée inconnue jusque-là, surgit de l'ombre pour s'imposer enfin à notre conscient ? Ou dans la multitude des sollicitations extérieures dont nous sommes sans cesse l'objet ? Est-il porteur d'élans authentiques et passionnels ou n'est-il qu'une pâle imitation des désirs d'autrui ?

« En réalité, je n'ai jamais envie de rien ; je fais comme si... » La société, par l'intermédiaire de l'éducation et des médias, nous envahit d'images et de modèles à suivre. Elle crée pour nous des désirs en nous faisant croire qu'il s'agit de nos propres désirs. Avant même d'être arrivés à notre conscience, nos fantasmes nous sont livrés, mis en images, prêts à l'emploi ; à croire que l'on n'est pas capable d'imaginer et de créer nos propres images de rêves, et que nous sommes par conséquent réduits à considérer comme nôtres celles qui nous sont imposées. Les fantasmes qui nous appartiennent sont ainsi niés et ensevelis sous l'avalanche des représentations que nous recevons en permanence. Et il nous faut être très vigilants pour retrouver l'imaginaire qui est le nôtre ainsi que les désirs qui nous sont propres.

Le désir est nécessaire à la sensation d'exister. Satisfait, il met en accord l'image que chacun se fait de sa vie avec ce qu'elle peut réellement lui apporter, il rend compatible, le possible et la réalisation, l'intention créatrice et la création. Il offre, par les bouffées de bonheur qu'il sait prodiguer, la sensation d'être pour toujours réconcilié avec la vie.

Mais le désir est capricieux : tantôt il s'impose avec une telle violence qu'il rend insupportable la moindre frustration ; tantôt il devient si faible qu'il faut faire des efforts incommensurables pour voir à quoi il ressemble. « Mes désirs, mes plaisirs, je n'arrive pas à mettre la main dessus. » L'élan vital qui paraissait jusqu'alors si naturel vient à disparaître, nous laissant seuls face au vide, à l'ennui, et parfois même à l'idée de mort. « Ceux qui possèdent le désir tout simple de s'offrir une bouchée au chocolat, ou de s'arrêter à une terrasse de café pour lire leur journal, ces gens-là ne se rendent pas compte de leur bonheur ! »

Le désir obéit à des puissances complexes et obscures. « Je n'ai jamais rien décidé dans mes choix amoureux. Je suis attiré ou... je ne le suis pas ! » Ainsi ces attirances immédiates et incontrôlables qui nous portent vers un autre jusque-là inconnu, sont-elles le plus souvent conditionnées par des facteurs que nous ignorons complètement ; tel détail de la personnalité ou d'une apparence extérieure, toujours reflet d'un monde intérieur, nous séduit instantanément tout en étant bien étranger à des facteurs de séduction objectifs, et même parfois à l'opposé de ce que nous déclarons être notre image idéale. Comme l'a si bien dit Proust, dans *Un amour de Swann* : « Dire que j'ai gâché des années de ma vie, que j'ai voulu mou-

21

rir, que j'ai eu mon plus grand amour, pour une femme qui ne me plaisait pas, qui n'était pas mon genre ! »

Comment ne pas se demander quels sont ces signaux invisibles et mystérieux auxquels nous répondons instantanément par un bouleversement dans notre corps ? Comment ne pas nous interroger sur ce que l'autre éveille en nous pour nous mettre en état de désir ? Quel message émet-il, capable de nous suggérer l'idée d'un plaisir potentiel ? Que nous apporte-t-il comme réponse possible à un manque dont nous ne sommes pas toujours conscients ? Quel est le secret qu'il semble détenir et que nous espérons découvrir pour le posséder à notre tour ? Où se situe cette adéquation soudaine entre cet autre et nous-mêmes ?

Ceux qui ont la sensation de vivre un « coup de foudre », sont surpris par l'émotion ou l'excitation qui s'imposent à eux : ils sont sans volonté, embarqués dans une aventure dont ils ignorent tout, mais à laquelle ils sont incapables d'opposer la moindre résistance. Une aventure dans laquelle, même s'ils avaient voulu conserver encore un certain contrôle, ils ne peuvent que constater à quel point ils sont « sous influence », entraînés dans le sillage d'un autre : par définition séduits, détournés de leur propre chemin. Dans cette situation, ils sont incapables de retrouver leurs références coutumières, leurs propres facultés de réflexion et leur sens habituel de l'objectivité : leur pensée, devenue obsessionnelle, s'obstine à prendre une direction bien précise, et ils ne peuvent, quels que soient leurs efforts, rien faire pour l'en dissuader.

Parfois cette sensation de désir survient dans des conditions qui ne lui sont pas favorables, et nous aimerions pouvoir facilement l'éliminer de notre pensée et de notre vie. La raison a toutes sortes de critères objectifs pour lui opposer un refus catégorique : les conditions extérieures s'accordent mal à sa réalisation, ce désir vient trop dangereusement nous compliquer la vie.

Parfois, au contraire, la situation semble correspondre à ce dont nous avions toujours rêvé ; et pourtant le désir n'est pas au rendez-vous. Nous avons fait de telle sorte que notre vie coïncide avec des fantasmes que nous considérions jusque-là comme étant les nôtres, mais avec le temps, ils se sont, sans que l'on puisse comprendre pourquoi, peu à peu modifiés. » Pour moi, il faudrait qu'il n'y ait que des débuts. C'est plus fort que moi, quand je connais l'autre, quand je me suis habitué à lui, mon désir disparaît. »

D'autres fois encore, l'idée de désir est présente mais les élans semblent être retenus dans un carcan invisible. « J'ai plein de fantasmes, mais mon corps ne répond pas. » Il se peut qu'un engagement pour lequel on n'est pas prêt, une émotion trop dérangeante, ou le caractère ambigu de ce désir, se traduisent par des inhibitions mal à propos. « Je ne pouvais lui dire non, mais mon corps refusait de faire l'amour avec elle. Mon corps disait à ma place le refus de continuer la relation qu'elle me proposait. »

Tout serait pourtant tellement plus simple si nous pouvions être désirants autant que nous le désirons, si notre pensée n'était sans cesse occupée par des pulsions contraires, et si ces conflits n'entraînaient pas parfois plus de souffrances que de plaisirs. « C'est l'anarchie, le chaos. Impossible de comprendre ces allées et venues du désir, ces caprices du sexe où alternent fièvres et nausées. (...) Et j'enrage d'en savoir si peu sur l'animal que je suis, et encore moins sur les animaux à qui je fais l'amour* ! »

---

* Guillaume Fabert, *Autoportrait en érection*, Régine Desforges, 1989.

Il est des désirs qui sont cependant des certitudes ; nous y sommes, comme dans l'élan amoureux, si passionnément investis qu'ils occupent toute notre pensée. Corps et esprit confondus, tendus vers un unique objet d'amour, nous sommes à la recherche d'une volupté proche de l'absolu. Et dans cette fusion quasi magique de la rencontre avec l'autre, nous parvenons non seulement à nous unir avec le désir de l'autre, mais à trouver le point de convergence de nos propres désirs : ceux qui nous sont connus et ceux qui nous sont inconnus, ceux qui semblent surgir d'un présent, seul capable de leur donner vie, comme ceux qui appartiennent à un passé très lointain...

Un désir d'une intensité telle que parfois celle-ci nous effraie : « J'ai peur de me perdre dans une jouissance trop forte. Mon désir de fusion avec l'autre est tel que j'ai l'impression que je pourrais aller trop loin, ne plus rien contrôler, ou devenir dépendant comme on peut l'être d'une drogue. » Une émotion trop forte, même si elle est enivrante, dérange : elle donne la sensation d'être entraîné dans un tourbillon irrésistible, telle une toupie montée sur une mécanique incontrôlable.

« Je suis comme dans un brouillard, tout est trouble, je ne vois plus rien. A ce moment-là j'aimerais disparaître, appuyer sur un bouton et ne plus exister. » En réaction, pour ne plus vivre à nouveau cet état d'émotivité qu'ils redoutent, certains opposent un frein permanent à la réalisation de leurs désirs. Mais il ne sert à rien de les réfréner sans cesse, car il est toujours un temps où l'émotivité vient dire autrement ce que l'on ne s'est pas donné la possibilité d'exprimer librement.

Et le désir est justement là pour faire découvrir ce monde inconnu qui est le nôtre, pour permettre un dépassement de nous-mêmes qui ne peut être que libérateur. Il fait oublier une réalité trop quotidienne tout en donnant paradoxalement la sensation d'être sensible à tout ce qui, des subtilités du quotidien, nous laissait d'ordinaire indifférents.

Il permet d'échapper à ce que nous vivons comme une adaptation superficielle, pour mieux retrouver nos émotions les plus secrètes et les plus intimes : nous pouvons enfin nous libérer de toutes les pensées que nous n'avons pu dire, des larmes que nous n'avons jamais laissées couler, des gestes trop longtemps retenus. Et dans cette liberté retrouvée, nous sommes réceptifs à ce que l'autre peut nous apporter, désireux d'entendre et de dire, de partager et d'aimer hors du champ restreint de nos préoccupations habituelles.

Dans ce don total de soi, comme dans cette demande d'amour sans retenue, on est en parfait accord avec soi-même. Au-delà d'une meilleure connaissance de l'autre nous apprenons à nous connaître, et à nous faire enfin reconnaître. Reconnaissance essentielle à notre sentiment d'exister, reconnaissance qui doit passer par le regard de l'autre pour que nous puissions enfin nous accepter tels que nous sommes.

La sensation de désir est particulièrement valorisée dans une société du moi-je, où le plaisir, mais pas n'importe quel plaisir, celui que la société valorise, doit être proclamé comme une preuve de savoir-vivre. On doit être là où il faut être, au point qu'il faut « y » être pour « être » tout court, et adopter, au risque de ne pas exister, un mode de vie dont les critères sont définis par les médias.

25

Même notre propre image n'échappe pas à la loi du désir, désir ressenti, mais également et de plus en plus désir de provoquer le désir chez l'autre : réassurance de plaire, et à travers le regard des autres, la recherche d'une séduction qui n'a pas le droit de s'user. Désir de l'autre, désir de nous à travers l'autre, désir de désirer, désir d'être désirables... Désir qui envahit notre vie et nos choix : nos vêtements, notre mode de vie, nos goûts et nos loisirs, devenus objets intermédiaires de séduction, doivent nous apporter la certitude de toujours rester un objet de désir potentiel pour l'autre. Désirs détournés pour obéir finalement au désir fondamental d'être aimé et reconnu.

Le désir qui devrait être retrouvé et inventé à chaque instant devient une obligation et un besoin pour être, finalement, à l'origine davantage d'un enfermement que d'une libération. Le désir est devenu besoin, le plaisir potentiel s'est transformé en plaisir nécessaire. La réalisation de ce désir se trouve être désormais l'objet d'un enjeu vital, et sa non-réalisation, le risque d'un échec dont l'idée seule est insupportable. La peur s'allie par conséquent au désir, et avec elle survient une émotion invalidante, une émotion qui prive le désir de ses moyens d'expression.

Les plages tropicales « doivent » faire rêver, même si elles sont pour certains l'objet d'une angoisse irrépressible tout autant qu'elles sont attirantes : la seule idée de prendre l'avion ou de s'embarquer dans un univers étranger à leurs repères familiers a déjà le pouvoir de leur interdire tout plaisir potentiel. Nager, faire de la montagne, voyager... autant de plaisirs qui, s'ils sont imposés et contraires à nos véritables désirs, provoquent une pénible sensation de malaise, sensation d'autant plus forte que nous nous sentons coupables de ne pas les apprécier, honteux d'être incapables de vivre ce qui semble aux autres si facile à vivre.

Il faut être vigilant pour que les plaisirs décrétés comme tels par la société ne deviennent jamais des contraintes : le désir doit être individuel et non social. Contrairement au besoin qui permet juste de survivre, et qui semble obéir à des principes semblables pour tous, il est l'objet d'un choix plus ou moins volontaire ; il est preuve d'engagement dans l'acte de vivre.

2.

LA PENSÉE MALADE DE SON PASSÉ

« Il est des douleurs qui ont perdu la mémoire
et qui ne se souviennent pas pourquoi elles sont douleurs. »
PORCHIA

« J'ai plus de souvenirs que si j'avais mille ans... »

Nombreuses sont les joies et les peines qui se transmettent de génération en génération : nous sommes riches de tout un passé avant même que d'être mis au monde... Mémoire trans-générationnelle qui va influer sur chacun de nos actes : nous sommes ainsi conditionnés à répéter certains comportements identiques à ceux de nos ancêtres, à perpétuer à notre insu un mode de pensée emprunté à ceux qui nous ont précédés.

Ce que nos parents nous ont communiqué est déjà la conséquence de leur propre passé : ils nous font subir ce qu'ils ont subi eux-mêmes. Et l'expérience montre que des comportements peuvent se répéter d'une génération à l'autre. Ainsi une mère élevée à l'assistance publique, incapable d'assumer une maternité dont elle n'a pas eu l'exemple, confie parfois à d'autres le soin d'élever son enfant, ou une femme qui n'a pas été reconnue par son père a des enfants qui à leur tour ne sont pas reconnus par leur propre père, ou encore celle qui a souffert très jeune d'une séparation entre ses parents, reproduit cette même séparation peu de temps après la naissance de son enfant...

Les exemples sont multiples de ces répétitions qui obéissent à un mécanisme complexe, échappant totalement à la volonté des protagonistes. Ce père et cette mère encore fragilisés par ce dont ils ont souffert ne souhaitent-ils pas au contraire éviter à leur enfant les mêmes souffrances ? « J'ai compris bien plus tard pourquoi mon père avait été si lointain et si peu affectueux. Dans une histoire fictive où il raconte son enfance à travers un personnage de roman, j'ai vu à quel point il avait eu une enfance solitaire et malheureuse. »

Mais les parents sont-ils capables de donner ce qu'ils n'ont pas appris ? Leur est-il possible d'agir sans pouvoir se référer à aucun modèle identificatoire ? Encore tout imprégnés d'un mode relationnel qui est celui de leur enfance, ne sont-ils pas amenés bien malgré eux à le répéter tel qu'ils l'ont vécu ? « Ma mère était tellement violente que j'étais obsédée par le désir d'avoir avec ma fille une relation différente ; mais je ne faisais que reproduire cette violence sans m'en rendre compte et je me plaignais d'un manque de tendresse chez ma fille, qui n'était en réalité qu'une réaction de sa part face à ma propre agressivité. » Ceux qui par exemple craignent de voir s'instaurer un rapport de force créent déjà sans le vouloir ce même rapport de force.

La logique de notre devenir dépend par conséquent de l'histoire individuelle de chacun de nos parents, mais aussi de celle bien particulière de leur couple : nous participons aux liens étroits qui les unissent comme aux conflits qui les opposent. De leur union nous subissons les conséquences, pour le meilleur et pour le pire !

« A quoi pensaient-ils donc lorsqu'ils m'ont conçue ? » s'exclame une femme qui se plaint d'être trop souvent sujette à toutes sortes de maux. Les conditions dans lesquelles nous venons au monde auraient-elles une influence sur notre façon d'être au monde ? Conçus dans la passion ou un élan mystique, dans le « péché » ou la légitimité du devoir conjugal... sommes-nous destinés à porter en nous les marques des sentiments à l'origine de notre conception ? « Je suis un enfant du péché : je me vis comme la concrétisation d'une faute, une faute que je porte en moi comme une interdiction à vivre. Et maintenant que je suis malade, j'ai l'impression d'obéir à une logique de mort. »

Un adulte qui apprit que son père n'était pas celui qu'il croyait être, mais un homme que sa mère avait passionnément aimé, se réjouit d'avoir été conçu dans une relation d'amour ; il réalisa a posteriori qu'il avait souffert d'être le fruit d'une relation qu'il avait toujours considérée comme médiocre. Un enfant a toujours besoin de penser que ses parents s'aiment, la négation de cet amour le renvoyant à la négation de sa propre identité.

Les parents sont pour toujours réunis à l'intérieur de nous puisqu'ils sont ensemble à l'origine de notre existence. Les sentiments qu'ils éprouvent l'un pour l'autre, que ce soit de l'amour et de la tendresse, de la haine et de la rancune... ces sentiments par conséquent nous traversent, nous habitent ; nous en sommes obligatoirement les dépositaires. Et ce d'autant plus qu'en cas de rupture, leur communication ne passe plus que par nous.

Comment pourrait-on supporter de penser que ces deux personnes qui nous aiment, et que nous aimons, puissent éprouver de l'agressivité l'une pour l'autre ? Même si nous n'assistons pas à leurs disputes, même si leur mésentente ne nous parvient qu'à travers des non-dits lourds de contentieux et de reproches indirects, nous ne pouvons échapper à leur conflit : leur déception, leur amertume, leur silence réprobateur, la douleur pour l'un de se sentir délaissé, ou pour l'autre d'être coupable de se vivre comme celui qui abandonne, comment pourrait-on ne pas les ressentir dans le regard qui nous est porté ? Regard qui est de plus chargé de tout ce que notre présence éveille de l'existence de l'autre... « C'était horrible, je ne pouvais pas la regarder, elle me faisait trop penser à son père ! »...

Une naissance a toujours un sens pour des parents : elle leur permet de concrétiser un lien d'amour... ou de renouer un lien distendu... ou encore de combler un manque dans leur relation de couple. « J'espérais avoir une fille, pour la couvrir de toute l'affection que sa mère refusait que je lui porte. » « Je sais que j'ai beaucoup attendu de mon petit garçon ; je voulais faire de telle sorte qu'il sache se comporter en homme, à l'inverse de son père dont le comportement m'avait toujours déçue. »

Conçu à la suite d'un deuil, d'une rupture ou d'une déception, l'enfant vient parfois réparer un vide, une absence ; il peut, ainsi que le dit Françoise Dolto, remplir une fonction de remplacement. Il sera toujours accompagné de cette ombre fantomatique, d'un autre qu'il n'a jamais connu mais contre lequel il lui faut lutter pour pouvoir survivre. Salvador Dali, né après le décès de son frère qui portait le même nom que lui, voyait régulièrement quand il était enfant son propre nom sur une tombe : « J'ai vécu toute mon enfance et mon adolescence avec, agrippé à mon corps et à mon âme, l'image de mon frère mort... Et j'ai réussi ce miracle : un frère mort et l'autre immortel ! » N'avait-il pas besoin plus qu'un autre de se prouver qu'il existait ? N'était-il pas obligé pour survivre de faire des excentricités ?

Tout ce qu'un enfant peut entendre dire concernant sa naissance le marque profondément, d'autant plus que certaines paroles laissent en lui des traces sans qu'il en soit jamais conscient. Sa mère était-elle oui ou non heureuse de l'attendre ? Lui a-t-elle décrit sa grossesse comme une période d'épanouissement et de plénitude ou a-t-elle insisté sur ce que furent ses angoisses et toutes les complications que celle-ci pouvait entraîner dans sa vie ?

« Je ne pensais pas avoir des jumelles, tu es arrivée en plus ; je n'avais pas prévu de prénom pour toi. » « Tu es arrivé par surprise, tu étais un accident ; tu sais quand on est jeune, on ne connaît rien de ces choses-là ! » Les parents ont parfois prononcé des mots meurtriers sans avoir conscience de la portée qu'ils pouvaient avoir, des mots qui atteignent d'autant plus l'enfant qu'ils remettent en question la justification de son existence. « Ma mère m'a laissé entendre qu'elle aurait voulu me faire disparaître quand elle s'est rendu compte qu'elle était enceinte ; je venais lui compliquer la vie et l'attacher encore plus à un homme dont elle voulait se séparer. »

Un enfant a toujours besoin de savoir qu'il a été attendu et désiré. Comment pourrait-il se construire sur un non-désir de son existence ? Un désir de mort s'inscrit à la naissance à la place du désir de vivre, et cette mort, fantasmatique ou réelle, reste toujours un rendez-vous possible quand les circonstances de sa vie la rendent trop difficile à supporter, ou dans toute situation qui réactualise cette sensation de rejet. De même qu'un besoin insatiable de reconnaissance reste présent tout au long de sa vie, s'il n'a pas été reconnu à la naissance par son père.

« A seize ans, j'ai voulu mourir ; j'étais persuadé de toutes les façons que j'étais en trop dans cette famille, que je n'étais pas le petit garçon que j'aurais dû être, que je gâchais leur vie par mes maladresses, que j'étais l'empêcheur de tourner en rond, que je n'y avais pas ma place. » En plus ou en trop, l'enfant souffre de penser au peu de place qui lui est réservé ; et si des mots ou des comportements viennent ensuite confirmer cette réalité, ils réveillent ces blessures toujours sensibles, trop sensibles à la moindre attitude d'exclusion.

L'enfant devient particulièrement à l'écoute de toute réflexion qui pourrait laisser entendre qu'il gêne ou dérange un mode d'organisation dans lequel il n'était pas prévu ; il lui est insupportable de sentir que sa présence exige une attention et des efforts que ses parents auraient préféré consacrer à quelqu'un d'autre ou à d'autres activités. Il est par conséquent à l'affût d'un geste de lassitude, et particulièrement réceptif à toute l'agressivité consécutive aux contraintes que peut engendrer son existence.

Quelle place nous était de fait réservée dans notre famille ? « Non seulement j'étais la fille aînée de mes parents mais la première petite-fille des deux côtés de mes grands-parents ! Je n'avais vraiment pas d'autre solution que d'être une petite fille modèle. » En raison de notre place dans la structure familiale, nous sommes le plus souvent chargés d'un rôle bien particulier. Si nous sommes l'aîné, ou enfant unique, nous apprenons à notre mère son rôle de mère autant qu'elle nous apprend à vivre. Et pour un petit garçon dont le père est absent, il se peut qu'il ait à remplir un rôle de petit mari et même de père pour ses frères et sœurs. Il a nécessairement appris dans ces conditions à être plus responsable que le petit dernier : celui que l'on donne parfois en cadeau comme compagnon de jeu à celui qui le précède, celui qui, choyé de tous, profite souvent des prérogatives obtenues avec peine par ses aînés, celui qui se fait encore materner quand les autres sont devenus grands...

« Je suis l'enfant du milieu, celui qu'on oublie toujours... » « Je ne pense pas avoir eu de problèmes dans mon enfance ; je n'étais ni l'aînée, ni la dernière... j'étais l'enfant du milieu. Mais peut-être est-ce encore pire, je n'avais aucun de leurs avantages respectifs ! » Cette place est ingrate : celui qui a enfin réussi à imposer son existence face à son aîné et se réjouit d'avoir pu accaparer l'attention si précieuse de ses parents, voit ce privilège récemment découvert disparaître à nouveau en faveur d'un nouveau-né. Mais il aura appris à se faire une place parmi les autres et avec les autres.

« Je n'arrive pas à penser à moi séparément de mes sœurs, comme si je n'étais qu'une partie d'un tout que nous composons toutes ensemble. » Ceux qui constituent l'un des éléments d'une famille nombreuse, laquelle représente pour la mère une image d'Epinal, font partie « des enfants », ce groupe qui existe à part entière, comme un ensemble dissocié du couple parental.

Il peut alors sembler préférable d'être enfant unique, de n'avoir pas à souffrir d'un espace à partager, d'une définition qui doit pâtir trop souvent d'une référence à un autre. Mais l'enfant qui est unique a lui aussi à subir certaines difficultés : s'il est seul à recevoir l'amour de ses parents, il est également seul à devoir satisfaire leurs désirs, à réparer leurs sensations de manque éventuelles et à supporter leurs souffrances. Il est partie intégrante d'une relation triangulaire où rien ne vient s'interposer entre lui et ses parents, et ainsi mettre une distance qui serait parfois bien nécessaire.

Il lui faut pour cette raison s'échapper dans une solitude peuplée d'une vie imaginaire avec des compagnons de rêve ou encore dans d'autres familles ou lieux propres à élargir son horizon. Mais n'ayant pas eu à subir les conflits consécutifs à une vie commune avec des frères et sœurs, il lui faut peut-être plus que pour un enfant d'une famille nombreuse, faire le deuil d'une relation idéale ; sa solitude ne peut être partagée que par un autre parfait, pour avoir été si longtemps rêvé.

Quels que soient la place, le rôle, la fonction qui nous ont été accordés, les privilèges et les douleurs qui ont pu être les nôtres, l'essentiel est que chacun de nous ait la capacité d'en retirer autant que possible les éléments qui peuvent lui être bénéfiques. S'il est des circonstances qui apparaissent plus préjudiciables que d'autres, il n'est pas certain qu'on ne puisse y trouver des ressources que nous n'aurions autrement jamais pu découvrir ; on peut être alors pourvu d'une force et d'une intelligence proportionnelles à toute l'ingéniosité qu'il nous aura fallu mettre en œuvre pour nous y adapter.

Il est vrai que certains enfants doivent lutter trop tôt pour imposer leur existence, mais il en est d'autres qui sont à la fois trop attendus et déjà si essentiels à la vie de leurs parents, qu'ils risquent de souffrir ultérieurement d'une charge affective dont ils auront les plus grandes difficultés à se libérer. Cette attente ne sera-t-elle pas, éventuellement, trop lourde à porter ? A quelle image idéale seront-ils confrontés ? Image qui risque d'être très différente de ce qu'ils sont réellement, image souvent trop définie pour ne pas être déjà la négation de ce que sera leur véritable personnalité.

Les parents ont toujours des idées préconçues concernant leur enfant, et cela bien avant sa naissance. Ils ont choisi pour lui un prénom, le plus souvent riche de symboles, lourd de références au passé comme de rêves projetés dans le futur... La mère a pu l'imaginer, fille ou garçon, poupée grandeur nature ou compagnon de jeu, prête à lui faire partager ses passions ou à lui permettre de vivre ce qu'elle n'a pu réaliser elle-même... Le père, déjà fier de sa progéniture, a pensé à ce que pourrait être son métier et son mode de vie, espérant que la réussite de son enfant sera digne de tous ses espoirs...

Et de toutes ces attentes, naîtront tôt ou tard, accords et désaccords, connivences et malentendus, complicités ou éloignements... L'enfant respecte, au moins un temps, ces pactes scellés à son insu ; mais il lui faut un jour les rompre pour pouvoir exister autrement que dans le désir de ses parents. Et cette rupture se fait le plus souvent dans la souffrance. Comment pourrait-il ne pas se sentir coupable de ne pas répondre à leurs attentes ? Comment ne pas vivre comme une référence absolue et pour cette raison impossible à atteindre, cette image idéale qu'ils ont de lui ?

Image qui renvoie à ce qu'ils pensent être bon pour lui, persuadés qu'ils ne le pensent que par amour pour lui. Et certes ils ne veulent que son bonheur, tout ce qu'ils lui souhaitent n'est bien sûr que pour son bien. Mais comment pourraient-ils, ne serait-ce que face à leur propre besoin de répondre également à une image idéale, ne pas voir en lui le miroir de leur propre réussite ? Prolongation narcissique de leur propre image, comment ne seraient-ils pas déçus si leur enfant ne correspondait à aucune des projections faites dans leurs rêves de futurs parents... ?

Il se peut par exemple, concernant certains détails physiques, que l'enfant ait entendu sa mère dire combien il avait été triste pour elle d'avoir un blond aux yeux bleus alors qu'elle s'était concentrée pendant toute sa grossesse sur la photo d'un beau petit brun aux yeux verts ! Ou bien encore combien elle était désolée d'avoir une fille alors que « le père aurait tellement aimé avoir un garçon » ! Et si ces regrets n'ont pas été clairement exprimés, certaines attitudes peuvent être suffisamment riches de signification pour que l'enfant ait toujours à se faire pardonner d'être né différent de ce que l'on aurait aimé qu'il soit !

Cette culpabilité va avoir pour conséquence d'engendrer un sentiment de haine et des pulsions agressives vis-à-vis de ceux qui ne sont pas capables de nous accepter tels que nous sommes ou, ce qui est encore pire, qui ne sont capables que de nous reprocher ce que nous ne sommes pas. Une agressivité qui ne fait qu'accentuer notre sentiment de culpabilité : comment ne pas nous sentir coupables d'éprouver de tels sentiments négatifs vis-à-vis de ceux que nous aimons, et qui prétendent n'agir que pour notre bien ? Culpabilité et agressivité qui vont progressivement aller de pair et se renforcer réciproquement, car l'on en veut toujours à ceux qui nous rendent coupables...

Nous allons porter cette culpabilité comme une faute qu'il nous faudra toujours réparer par un comportement meilleur, par des actes qui soient enfin dignes de leurs espoirs. Et en attendant de recevoir un acquiescement de leur part, d'être pardonnés de nos erreurs passées, nous allons payer les déceptions que nous leur provoquons par notre souffrance, ou par une absence de plaisir.

Mais il ne faut pas oublier que pour culpabilisantes qu'elles puissent être, ces attentes constituent cependant le moteur indispensable à notre évolution, à notre désir de mieux faire, à notre besoin, justement pour que nos parents puissent nous aimer, de réussir ce que nous allons entreprendre. « J'ai toujours attendu un soutien, un encouragement, un accompagnement. Mes parents semblaient indifférents à mon avenir ; ils n'avaient aucune exigence pour moi, ils n'exprimaient jamais aucun désir. Je n'ai jamais éprouvé moi-même le désir de défendre une image qui puisse intéresser qui que ce soit. Je ne savais ni pourquoi, ni pour qui faire des efforts ; cela m'a certainement enlevé toute idée de me battre : j'étais découragée devant le moindre obstacle. »

Sans réaction de la part de ses parents, réactions qui sont preuve d'amour et d'intérêt, en l'absence de ce miroir permanent, il est impossible de se définir : ce miroir est indispensable pour que chacun puisse y trouver ce qui constitue sa structure, le fondement de sa future personnalité, l'encadrement sur lequel s'appuyer. Il renvoie les éléments nécessaires pour pouvoir se référer à des normes, à des lois, à des limites reconnaissables et par là même acceptables.

Cette « bonne éducation » aide à savoir ce qu'il faut et ne faut pas faire, et dans la mesure où ces exigences ne sont pas d'une telle rigidité qu'elles puissent entraîner un état d'inhibition et provoquer un profond découragement, elles donnent la force de prouver ce dont on est capable, de défendre une image valorisante de soi et, dans la volonté de séduire, de trouver le désir d'imposer son existence.

Les balbutiements de la pensée

Quand un enfant vient au monde, au lien fantasmatique qui existe déjà avec sa mère vient se superposer une relation réelle : si elle l'aime tel qu'elle l'a imaginé, elle doit apprendre à l'aimer tel qu'il est... et tenter de faire de son rêve une réalité.

Durant tout le temps où il était dans son ventre, elle commençait déjà à le connaître, interprétant certains de ses mouvements comme des signes d'appréciation ou de désapprobation à ses actes, et se faisant ainsi une idée de ce que pouvaient être ses goûts et même de ce que devait être son caractère. Confrontée ensuite à ses gestes et à son comportement réel, elle va continuer à leur donner un sens, utilisant là encore sa grille d'interprétation bien personnelle.

« Qui dira l'importance du guili-guili maternel ? A l'occasion de cet événement bêtifiant s'établit le prototype relationnel qui va déclencher la manière dont, plus tard, cet enfant établira des relations. Le monde intellectuel, social et psychophysiologique du bébé se trouve concentré dans ce guili-guili fondateur... Étonnement suprême, le bébé de quelques semaines possède, avant toute expérience possible, un prédiscours, un prélangage du corps où figure, déjà, sa future manière d'entrer en relation avec son entourage*. »

Dans les premiers mois qui suivent une naissance, si les parents se font progressivement une idée de leur petit enfant, celui-ci interprète également chacune de leurs attitudes selon ses propres critères. Il y voit des marques d'amour ou de rejet : présence ou absence de caresses, douceur ou dureté de la voix, satisfaction rapide ou trop décalée dans le temps de ses besoins... Et il réagit avec une

---

* Boris Cyrulnik, *Mémoire de singe et paroles d'homme*, collection « Pluriel », Hachette, 1984.

gestuelle très significative pour dire ses désirs et ses insatisfactions, son bonheur comme son mécontentement : il détourne la tête, refuse d'ouvrir la bouche, a des renvois, ou des régurgitations, son sommeil est troublé, il pleure, crie, est perpétuellement agité ou au contraire apathique...

Dans cette ébauche de communication, il exprime ses désirs... autant qu'il découvre ceux de ses parents. Et en fonction des sentiments que ces derniers expriment face à certaines situations, que ce soit le rire, la peur, la colère ou l'anxiété, il apprend à provoquer chez eux telle ou telle réaction. Il découvre ainsi peu à peu quelles sont les situations où son pouvoir peut le mieux s'exercer.

Plus il sent l'importance que présente pour eux le fait qu'il aille à la selle, plus il prend du plaisir à retenir ou à offrir ce « cadeau » à ses parents, exprimant par cet intermédiaire son mécontentement ou sa reconnaissance. De même, pour dire sa colère, il montre un appétit d'autant plus modéré qu'il sait sa mère soucieuse de le voir finir son biberon ; ou s'il veut au contraire lui dire combien elle est bonne, elle et la nourriture qu'elle lui donne, il accepte de se nourrir avec un bonheur non dissimulé...

Devenus adultes, ne gardons-nous pas encore longtemps cette gestuelle symbolique pour nous exprimer, et ce d'autant plus que nous avons la sensation, si ce n'est par cette parole du corps, de ne jamais être entendus ? Nous percevons l'inquiétude de notre entourage face à certains symptômes, et nous n'hésitons pas parfois à nous rendre malades si nous avons la sensation qu'il nous est impossible de recevoir autrement la tendresse et l'amour dont nous avons besoin.

Nous risquons ainsi de prendre pour habitude de ne plus savoir nous exprimer autrement que par l'intermédiaire d'un corps souffrant. A chaque fois qu'il nous faudra réclamer une écoute, ou revendiquer une place dont nous craignons qu'elle soit remise en cause, la maladie s'imposera comme une solution préférable à la douleur d'être abandonnés : elle représente l'avantage de focaliser notre angoisse sur un lieu bien précis, et surtout l'intérêt non négligeable d'attirer obligatoirement l'attention de notre entourage. Et puis que nous importe d'être malades puisque déjà souffrance il y a !

A la naissance d'une petite sœur ou d'un petit frère, il arrive souvent qu'un enfant redevienne un bébé plaintif et souffreteux dès qu'un manque de tendresse se fait sentir ou que les parents semblent en prodiguer plus qu'il ne faudrait à cet indésirable intrus. Chaque preuve d'amour en faveur de ce nouveau-né est une agression à laquelle il ne peut toujours répondre par des mots : il n'est pas certain d'avoir le droit d'exprimer sa jalousie pour ce petit être fragile et irresponsable. Il souffre déjà d'être coupable de sentiments... inavouables au point qu'il retrouvera ultérieurement cette souffrance sans savoir lui-même quels sont les sentiments qui en sont à l'origine.

L'enfant exprime alors à travers son corps l'intensité d'une douleur qu'il ne peut dire autrement : les symptômes physiques sont des cris d'angoisse face à tout ce qui s'apparente à un rejet, des hurlements devant son impuissance à capter l'attention de ses parents. « J'ai l'impression qu'il faut toujours crier pour se faire entendre. Quand j'étais petit, on ne tenait pas compte de moi. Maintenant, c'est pareil. »

Face à une mère lointaine et indisponible, dans l'affolement de ne pas être son unique objet d'amour, l'enfant concentre tous ses efforts pour éveiller son intérêt exclusif : il ne craint pas de faire l'imbécile, ni toutes les bêtises possibles pour provoquer enfin des réactions de sa part. Et il peut même aller parfois, plutôt que d'affronter son indifférence, jusqu'à susciter des claques et des fessées... à défaut de caresses.

Malheureusement cette demande d'amour, pour être souvent mal exprimée, ne peut être entendue comme l'enfant aurait aimé qu'elle le soit. Et elle provoque même l'effet inverse de celui qui est désiré ; les parents font de ce comportement réactionnel une caractéristique de la personnalité de l'enfant et enferment dans le définitif ce qui aurait dû n'être que provisoire. Celui-ci est vite catalogué comme étant « toujours » coléreux, insupportable, maladroit, distrait, lent ou paresseux, « trop » rêveur ou « pas assez » obéissant... et il risque malgré lui de perpétuer cette image même si elle lui déplaît.

Envahi par la peur de mal faire, il n'est jamais aussi maladroit qu'avec ceux à qui il lui faut prouver qu'il ne l'est pas, il n'oublie jamais autant ce qu'il est justement censé savoir que face à ceux qui insistent sur son ignorance, il rougit d'autant plus qu'on le lui fait remarquer et il devient particulièrement timide s'il sait être déclaré comme tel... Il se comporte tel qu'il est défini, habité par ces qualificatifs qu'il redoute mais dont il a le plus grand mal à se libérer. Cette définition tout en étant négative est devenue sa seule certitude d'être reconnu aux yeux de ses parents.

Même s'il peut lui être reproché de faire l'intéressant, même s'il attire les foudres de son entourage par des comportements dont il sait pertinemment qu'ils sont frappés d'interdit, même s'il fait de telle sorte d'être sévèrement puni, il considère cependant que tout est préférable à la sensation intolérable de ne pas exister aux yeux de ses parents. De même s'il doit provoquer colère et exaspération en étant « insupportable », il n'hésite pas davantage ; il ne craint pas de dépasser les limites des autres, car il considère avoir déjà pour lui-même dépassé les limites de ce qu'il pouvait supporter.

C'est ainsi que certains adultes vont continuer à en faire toujours trop pour avoir plus, et penser qu'ils ne peuvent être reconnus et aimés qu'au prix d'un effort continu, d'un acharnement à séduire qui ne supporte aucun relâchement. « J'avais toujours la sensation enfant que si je lâchais la main de ma mère, elle risquait de s'en aller pour toujours. » Il leur est devenu difficile de croire à un lien dont la continuité persisterait en dehors de la présence de l'autre ; il n'existe pour eux que des réassurances à court terme, des preuves d'amour qui doivent être sans cesse renouvelées sous peine pour eux de se retrouver immédiatement face au vide : l'idée d'abandon préexiste à toute relation, ils le redoutent au moindre signe susceptible de leur y faire penser.

Des études ont montré que les petits de mères « angoissées-angoissantes » restent fixés, à la recherche d'une sécurité, dans un univers restreint et limité, tandis que les enfants confiants dessinent autour du corps de leur mère une large étoile exploratoire. (Expériences citées par Boris Cyrulnik*.)

La douleur d'une mère ou d'un père est perçue comme une douleur d'autant plus insupportable pour un enfant qu'il la ressent bien plus qu'il ne la comprend. Toutes ces passions qui habitent ceux qu'il aime, il les subit à sa façon, déformées par son regard d'enfant, agrandies par la part d'inconnu qu'elles représentent pour lui. Et il lui

---

* *Op. cit.*, p. 40.

est d'autant plus difficile de les comprendre qu'il ne les a jamais entendu formuler clairement. Incapable dans ces conditions d'y répondre et de se libérer lui-même par la colère, la révolte, ou les pleurs... il reste longtemps en proie à une inquiétude et une anxiété indicibles.

Une mère malheureuse ou préoccupée donne la sensation à un enfant, déjà lorsqu'il est tout-petit, de ne pas être aimé ; et surtout de ne pas faire ce qu'il faut pour pouvoir être aimé. Il est impossible pour un enfant de penser que sa mère puisse être triste pour des raisons extérieures à lui : ce serait faire le deuil de ce qu'il représente pour elle, et renoncer à sa toute-puissance vis-à-vis d'elle. Il se sent responsable de ses états d'âme, et pense être seul à détenir le pouvoir de la rendre heureuse. Mais devant son impuissance à lui apporter ce dont elle a besoin, il se sent coupable et il lui est paradoxalement de plus en plus difficile de se détacher d'elle : il reste accroché à elle dans l'attente d'un sourire ou d'un mieux-être qui puisse enfin le rassurer. L'insatisfaction lui procure un besoin boulimique de sa présence... et même parfois de nourriture, censée remplir cet intolérable vide affectif.

Une mère présente et rassurante au contraire permet à l'enfant d'explorer plus librement le monde qui l'entoure ; il n'éprouve aucune crainte à s'éloigner d'elle, comme si un fil puissant et solide le rattachait à son objet d'amour, même en son absence. De même tout enfant ayant la sensation que ses parents lui ont octroyé une place importante, trouvera plus facilement sa propre place dans un monde qu'il ne jugera pas a priori comme lui étant hostile. Enveloppants et protecteurs, les parents assurent une sensation de complétude propre à le remplir d'une certitude d'amour qui l'accompagnera tout au long de sa vie.

Un enfant ne peut se construire sans amour. La question qu'il se pose en permanence face à ses parents et ensuite face au monde est de savoir s'il est aimé. Et comment il l'est ? Et pourquoi il l'est ? Et surtout dans la négative, pourquoi il ne l'est pas ? Tous les actes d'autrui vont être interprétés dans ce sens ; tous ses actes attendent une réponse à cette question. Toute preuve d'amour est preuve d'existence.

Le besoin de séduire constitue par conséquent un moteur très puissant dans son évolution. Il n'a d'autre existence que celle qui lui est toujours renvoyée à travers le regard de ses parents et de son entourage proche : il se voit tel qu'il est vu par eux, apprenant à se connaître à travers ces différents miroirs ; regards qui resteront présents en lui tout au long de sa vie, l'accompagnant non seulement dans ses actes mais aussi dans ses pensées.

Ce miroir doit par conséquent être suffisamment valorisant pour qu'il puisse y trouver des signes d'encouragement : il peut alors s'identifier à l'image positive qui lui est ainsi renvoyée, éprouvant le désir de faire son possible pour la maintenir telle quelle. Qui n'a fait l'expérience d'une relation privilégiée avec un professeur, constatant à quel point la reconnaissance affective et intellectuelle de celui-ci pouvait favoriser son intérêt pour la matière concernée et lui permettre ainsi d'avoir de meilleurs résultats scolaires ?

Nous sommes portés par les regards tendres de ceux qui nous entourent, enrichis par la force qu'ils nous donnent : nous pouvons grâce à eux nous engager dans toute entreprise ou relation avec toute la confiance nécessaire, confiance dont on ne peut que voir les effets positifs qu'elle exerce alors sur les autres. Il est indéniable qu'une personne qui se sent aimée porte dans ses yeux l'amour dont elle est l'objet ; et en devient ainsi plus « aimable ». « Maintenant que je suis heureuse en amour, les autres viennent vers moi, c'est magique. Mais quand j'étais malheureuse on me fuyait. »

Il faut cependant nous méfier de ne pas être prisonniers de cet amour, dans la mesure où nous sommes aimés... sous condition. Nous avons à respecter un certain nombre d'interdits, qui ne sont pas toujours formulés mais qui ne peuvent être transgressés au risque de perdre cet amour et cette estime auxquels nous tenons tant. Nous ne nous permettons pas ainsi d'être autre que celui qu'il nous faut être pour répondre à l'image, et la seule, que l'on attend de nous : et progressivement nous risquons de nous enfermer dans un personnage d'emprunt qui nous fait perdre de vue notre vraie personnalité.

Et l'on peut se demander si ce serait réellement un cadeau pour nous que d'être aimés de façon inconditionnelle. Si nos comportements étaient acceptés sans critique ni jugement quoi que l'on puisse faire, serait-ce là un service à nous rendre ? L'absence de conflit, l'impossibilité d'avoir à défendre notre identité face à un refus, une contrariété, ou un désir différent du nôtre ne nous permettent pas ultérieurement de nous donner le droit d'être différents et d'imposer nos propres désirs.

Certains souffrent d'une alternance de regards, à la manière de docteur Jekyll et mister Hyde, alternance qui semble davantage obéir à des changements d'humeur qu'à une règle de morale qu'ils puissent juger comme acceptable. Dans ce cas, ils ne comprennent jamais pourquoi survient la punition ou la récompense, ils ne savent à quelle qualité et à quel effort ils doivent cette soudaine manifestation de tendresse ou au contraire à quel défaut et geste maladroit répond cette colère intempestive. Ils sont alors sans cesse sur le qui-vive, doutant de tout, et incapables de se construire intérieurement des valeurs sur lesquelles s'appuyer.

D'autres peuvent être également confrontés à une absence de regard... ou à un regard absent. Dans le premier cas, à la suite de la disparition d'un de leurs parents, ou d'un éloignement dû à des circonstances telles que la guerre, la maladie ou une séparation, ils ne savent pas quel regard leur père ou leur mère aurait pu porter sur eux ; mais ils ont pu l'idéaliser. Idéaliser non seulement leur propre image mais également la relation telle qu'elle aurait pu exister entre eux : tendre, complice, attentive et attentionnée...

En face d'une mère ou d'un père présent, mais dont l'intérêt semble se porter ailleurs que sur soi, on est contraint d'accepter une réalité blessante, annihilante, agressive et douloureuse. Et on est à la recherche permanente d'un acquiescement, ou d'un intérêt qui apporterait enfin une réalité à son existence.

Si les parents nous ont toujours fait sentir que nous n'étions pas celui que nous aurions dû être, comment pourrions-nous face à ce regard perpétuellement négatif nous donner le droit d'être aimés ? Telle une voix off qui commente tous nos faits et gestes pour n'en faire apparaître que l'aspect négatif, nous sommes convaincus de n'être capables de faire que des erreurs, et nous éprouvons très vite inhibition et découragement : comment, en effet, continuer à faire des efforts face à une insatisfaction permanente ? Un regard lourd d'attentes déçues et de reproches tacites ne peut que nous laisser en proie à une dévalorisation dont nous aurons de grandes difficultés à nous libérer.

Quelles que soient les brimades ou les critiques acerbes que nous pouvons recevoir, nous continuons cependant à attendre, encore et toujours, des preuves d'amour de la part des parents ; nous espérons à la suite de certaines paroles blessantes, entendre enfin des mots doux et tendres. Nous avons besoin de croire qu'un jour viendra où nous serons pardonnés de nos fautes passées... de même que nous obtiendrons réparation de tout le mal qui nous a été fait ; un jour où ils sauront faire les gestes susceptibles de calmer nos blessures. Nous ne pouvons qu'aspirer à cette paix intérieure où, acceptés par nos parents, nous pourrons enfin nous accepter tels que nous sommes.

Mise en place d'une structure

De tous ces liens de l'enfance, prennent forme des modèles relationnels qui restent pour toujours inscrits en nous. Telle une langue maternelle, certaines douleurs nous sont tellement familières qu'il nous paraît « normal » d'avoir à les vivre et même tout naturel de nous mettre en condition de les revivre. Comme pour les circonstances qui ont pu nous rendre heureux, nous cherchons également à les retrouver tout au long de notre vie par une sorte de nostalgie qui nous pousse à retrouver le goût de la madeleine de Proust.

Nous sommes particulièrement sensibles à certains regards, certaines paroles, certains gestes que nous ressentons comme familiers... tandis que d'autres façons d'agir ou modes d'approches, justement parce qu'ils nous sont inconnus, nous font instantanément fuir. Tout ce qui est inhabituel et étranger à notre monde dans un premier temps nous inquiète et nous dérange. Nous sommes conditionnés à n'être réceptifs qu'à un type très particulier de message, à l'image des cellules qui possèdent des sites récepteurs à certaines molécules. Et nous n'avons d'autres réponses que celles qui nous ont été apprises, d'autres comportements que ceux qui nous ont été montrés comme modèles pendant notre enfance.

C'est ainsi que l'on voit des réactions spontanément innovées pour survivre, qui deviennent ensuite des réponses réflexes à certaines situations. Peu à peu conditionnés à nous comporter toujours de la même manière, nous ne pouvons que très difficilement remettre en question un mode de fonctionnement dont nous ne comprenons pas toujours nous-mêmes pourquoi et comment il a été mis en place.

Ceux qui par exemple, enfants, ont la sensation de ne pas avoir été l'objet d'une attention affectueuse et chaleureuse, acceptent parfois difficilement les marques d'une tendresse à laquelle ils s'étaient défendu de croire pour ne plus avoir à souffrir de son absence : comme une plante assoiffée d'eau, ils ne peuvent, adultes, recevoir ensuite qu'avec modération des marques d'affection. Tout geste de tendresse, ils le considèrent déjà comme excessif car celui-ci les touche au-delà des limites du supportable : ce geste réveille trop par sa présence le manque d'amour dont ils ont souffert.

Et il se peut qu'ils préfèrent finalement fuir toute manifestation débordante d'affection qui, étrangère à leur monde, ne leur provoque plus qu'effroi et inquiétude : ils refusent ce qu'ils ont pourtant si longtemps attendu. « Quand on me fait des compliments, et qu'on insiste sur le fait que je suis drôle et sympathique, je deviens vite odieux comme pour prouver le contraire. Et quand on me fait une proposition que je sais être très positive pour moi, au lieu de m'en réjouir, je me sens agressé et très mal à l'aise. »

Il semble qu'ils soient restés le petit garçon ou la petite fille, les poings toujours serrés par une rage trop long-temps contenue, incapables de lâcher prise avec un ressen-timent qui semble inépuisable. Comment pardonner à ceux qui ont fait tant de mal ? Que mettre à la place d'une agressivité réactionnelle qui est devenue un mode d'exis-ter ? Comment se réconcilier avec soi-même et avec les autres, s'il est impossible de se réconcilier avec son passé ?

Il est difficile d'oublier l'absence d'amour dont on a été l'objet ; même si l'on peut pardonner à des parents peu démonstratifs, il est toujours un temps où l'on s'accuse soi-même de ne pas avoir été assez « gentil » pour méri-ter cet amour. On se sent responsable de leurs attitudes, persuadé au fond, sans toujours se l'avouer, que si l'on s'était comporté autrement, on aurait réussi à se faire aimer d'eux.

Et devant tout échec relationnel, convaincus de n'être une fois de plus pas dignes d'être aimés, il semble plus naturel de voir l'autre fuir ou se désintéresser de nous que de le voir, de son plein gré, rechercher notre présence. Nous nous sentons en permanence susceptibles d'être encore punis pour nous être comportés différemment de ce que l'on attendait de nous ; nous ne sommes jamais sûrs de mériter amour et considération de la part d'autrui.

Et toute agression nous rend alors d'autant plus mal-heureux que nous la vivons comme une punition en quel-que sorte « normale » : une réponse différée et réalisée par d'autres de tous les actes répréhensibles que nous avons pu effectuer dans le passé. Un sentiment de culpabilité qui nous poursuit depuis l'enfance nous fait douloureusement croire que nous méritons les agressions dont nous sommes l'objet. « Je suis toujours a priori coupable ; j'interprète par conséquent les attitudes des autres comme une attaque ou un reproche en réaction à ce que j'aurais pu mal faire. »

Comment peut-on croire, adulte, être capable de réussir ce dont on ne s'est jamais cru capable dans son enfance ? Et comment ne pas en vouloir à tous ceux qui dans le passé comme dans le présent nous renvoient sans cesse cette image d'impuissance ? « Je suis très triste quand une relation ne marche pas, car je me demande toujours finalement ce que j'ai fait pour en arriver là ; et j'en veux à l'autre de me mettre dans cette situation, de ne pas faire tout ce qu'il faut pour que cela marche. »

Il se peut également que, pour des raisons qui sont pourtant totalement extérieures à nous, nous nous sentions là encore coupables de ne pas avoir su faire ce qu'il fallait pour nous faire aimer : la dépression et encore plus une mort prématurée de l'un des parents peuvent laisser à penser que nous n'avons pas su aimer et nous faire aimer suffisamment pour que l'autre puisse guérir et rester en vie. Et nous lui en voulons de nous avoir quittés trop tôt, de nous avoir laissés seuls face au regret de tout ce qu'on aurait pu vivre ensemble, face à la culpabilité de n'avoir pas su profiter des instants partagés, et enfin... face à l'imaginaire d'une relation idéale qui restera présente tout au long de notre vie comme image de référence absolue.

Et pleins de toutes ces douleurs de l'enfance, ceux qui sont envahis par la peur d'avoir toujours à les revivre, choisissent malheureusement sans en être conscients celui ou celle qui sera justement susceptible de leur faire revivre une situation semblable. Un petit garçon par exemple qui a souffert d'avoir une mère qu'il considérait comme trop séductrice, va rechercher malgré lui des femmes qui vont justement l'attirer par le danger qu'elles représentent... et il ira même jusqu'à faire de telle sorte qu'elles deviennent dangereuses, car c'est ainsi qu'il pense qu'elles doivent être. Dans l'obsession ensuite de se défendre de tout le mal qu'elles peuvent faire, il met une distance pour se protéger de nouveaux coups potentiels ; et si les femmes répondent à cette distance par une autre distance, il vit cet abandon... qu'il craignait justement de vivre. Sans réaliser alors qu'il s'agit d'une réponse à son propre comportement.

C'est ainsi que chacun risque de provoquer ce qu'il redoute : il fait correspondre la réalité à l'idée préconçue qu'il en a. Et dans la douleur réactionnelle à cette répétition, il oublie alors que ce pouvoir qu'il craint tant chez l'autre, n'est autre que celui qu'il veut bien lui donner !

Dans le choix de notre objet d'amour, même si notre intuition nous fait pressentir une souffrance possible, nous sommes fascinés par certains regards qui nous font revivre les sensations de notre enfance : nous retrouvons le même désir de séduire et de prouver nos capacités d'être aimés, mais aussi la même peur de ne pas être à la hauteur, la même attente anxieuse d'un acquiescement qui semble inespéré...

Il s'agit de rejouer encore et toujours la scène de notre enfance où une situation conflictuelle semble s'être nouée, de recommencer la même lutte, en apparence contre les autres, mais en réalité face à soi-même : nous nous mettons à l'épreuve alors même que nous croyons mettre l'autre à l'épreuve. Nous n'avons d'autre but que de nous prouver à nous-mêmes notre capacité de transformer un regard absent en regard attentif, un regard négatif en regard positif.

La passion relève de cette illusion : l'illusion d'une attente enfin récompensée, l'illusion de transformer le purgatoire de notre passé en paradis, et de combler ainsi pour toujours une sensation de vide douloureuse à porter. Le nouvel objet investi du pouvoir d'apporter cette fois-ci avec certitude amour et reconnaissance ne peut que prendre une place très privilégiée. Dans son regard, nous nous sentons enfin aimables, remarquables, uniques, irremplaçables... nous l'avons choisi pour ce qu'il nous procure, nous en avons fait le don de nous-mêmes pour mieux nous faire aimer.

Mais attention à la disparition de ce miroir valorisant, qu'il n'entraîne pas avec lui notre disparition tout entière ! Après la sensation d'une communication parfaite, survient la faille : la différence, l'impossibilité, l'éloignement. Si nous ne pouvons alors renoncer non pas à l'autre tel qu'il est, mais à l'autre idéal, tel que nous avons voulu le voir, nous allons revivre toutes les différences, toutes les impossibilités, tous les éloignements dont nous avons déjà souffert. Le manque de l'autre devient le manque à être, son absence crée une insupportable sensation de vide, son changement de regard entraîne un bouleversement de notre propre image.

Et plus cet autre est investi d'une attente qui le précédait, plus grand est notre manque à combler, plus fort est ce lien de dépendance. Pris de passion, notre situation est comparable à celle d'un prisonnier focalisé sur des barreaux qu'il s'est créés, incapable dans ces conditions de voir la porte restée ouverte derrière lui.

La passion apparaît alors comme le choix pathologique d'un tortionnaire ; elle met, comme l'indique son sens étymologique, en condition de souffrance. Elle réveille, après les avoir apaisées, les douleurs les plus profondes, elle met à nu pour les avoir exposées les zones les plus fragiles. Elle offre le talon d'Achille au bon vouloir de l'être élu.

La passion en ce sens est une maladie : celui qui croit avoir la sensation de n'avoir jamais été autant lui-même, subit en réalité une situation de fragilité. Et il possède l'illusion de se dépasser, alors qu'il est au contraire totalement dépassé par ce qui lui est donné à vivre : il est emporté par des sentiments qui le submergent, sentiments d'autant plus forts qu'ils ne sont que la répétition d'une situation déjà passionnelle qu'il répète pour n'en être pas encore libéré.

Dans cette souffrance, certains semblent parfois oublier que celui entre les mains duquel ils ont remis leur vie possède une difficulté à vivre parfois plus grande que la leur : il revient lui aussi d'une enfance pleine de ses propres douleurs. Son incapacité à aimer vient de sa propre incapacité à s'aimer lui-même, le regard négatif qu'il leur porte, ou le rejet qu'il leur fait sentir, n'est que le reflet du regard qu'il porte sur lui-même. Et il peut même ressentir jusqu'à du mépris pour celui qui lui donne selon lui trop d'estime, considérant comme Groucho Marx qu'un club qui vous a accepté comme membre n'est plus digne d'intérêt.

Cet autre, objet de passion, n'existe pas pour ce qu'il est ; il est rarement tenu compte de ses propres difficultés à vivre. Il n'est que le prétexte à remplir une fonction qui lui a été attribuée, et même si l'on croit être dépendant du moindre de ses mouvements, il reste le jouet de nos désirs et de nos désespoirs : il nous donne l'occasion de revivre l'exclusion pour tenter de la vaincre, il vient par sa propre désillusion réveiller cette désespérance qui est déjà la nôtre ou encore il nous donne la possibilité d'être le pygmalion d'une créature que nous avons inventée. Et il peut satisfaire les attentes les plus contradictoires, nous permettant tour à tour d'être bourreau ou victime...

Il nous suffirait parfois de lâcher prise avec le passé pour constater que le pouvoir que nous lui avons conféré n'était qu'une construction de notre imaginaire : une distribution de rôle que nous répétons inlassablement, comme un jeu qui, tout dangereux qu'il soit, est le seul à nous donner la sensation d'exister.

Ce que nous recherchons est toujours en continuité avec notre propre histoire, même si nous croyons mettre toutes nos forces à vouloir nous en détacher. Celui qui, par exemple, n'a jamais pu acquérir aucune certitude d'amour, considère l'autre comme étant toujours susceptible de réveiller ce manque d'amour ; et s'il est à l'affût de toute preuve d'amour, il l'est également de toute preuve de désamour, déjà inquiet quand il n'y a aucune raison de l'être, jamais heureux alors que tout pourrait le satisfaire. Il ressent vis-à-vis de l'autre une demande insatiable : il a toujours besoin d'obtenir davantage, d'être l'objet d'un privilège, qui va, au moins pour un temps, le rassurer. Il est obsédé par l'idée d'obtenir un dépassement permanent aux limites qui lui sont imposées, et à travers elles à toutes les limites qui lui ont été imposées...

Mais l'obtention de ce qui est désiré n'apporte souvent qu'une accalmie très passagère ; il lui faut à nouveau fixer son désir sur ce qui lui échappe, ou pourrait lui échapper, pour ne pas se retrouver de nouveau face à son angoisse. Il a besoin de cette fuite sans fin vers un impossible objet de désir ; il ne trouve son excitation que dans ce mouvement qui jamais ne s'arrête, dans cette dynamique où il met toute sa force de vie.

Tous ces modes de fonctionnement, sources de conflits et d'inquiétudes, sont des comportements transmis, appris et répétés inlassablement... Mais ils peuvent être modifiés ; et ils doivent l'être. Face aux limites qu'ils nous imposent, et que nous confirment les expériences trop souvent douloureuses qui se succèdent les unes aux autres, nous comprenons qu'il nous faut évoluer, aussi bien dans nos relations avec les autres que dans l'image que nous nous sommes peu à peu construite, de nous et de notre vie.

Nous réalisons peu à peu qu'il ne faut plus attendre de l'extérieur ce qui ne peut venir que de nous-mêmes. Nous ne courons plus derrière une image de nous-mêmes dont nous avons comme unique obsession qu'elle puisse enfin satisfaire les autres. Nous apprenons à nous accepter tels que nous sommes et en nous aimant davantage, à provoquer ainsi plus assurément l'amour des autres : nous n'admettons désormais dans notre club que ceux qui apprécient ce que nous sommes, qui sont en accord avec notre façon d'agir.

Notre existence n'est plus fonction d'un acquiescement ou d'une approbation de la part des autres : nous ne sommes plus dépendants pour survivre d'une réassurance permanente. Et même si nous aimons plaire, si les encouragements extérieurs nous sont toujours bénéfiques et nécessaires, nous n'en éprouvons plus le besoin aliénant.

Aussi longtemps qu'il n'a pu acquérir la sensation d'exister en l'absence de la bonne parole, du regard valorisant ou du geste approbateur, un individu n'a pas encore commencé sa vie d'adulte. C'est comme s'il avait un corps exsangue, muni d'une colonne vertébrale sans moelle : un corps sans chaleur intérieure, et incapable de se tenir droit en l'absence d'un soutien extérieur.

Il faut prendre garde de ne pas se maintenir toute sa vie dans une attitude d'attente, s'accrochant désespérément à tout ce qui paraît pouvoir enfin y répondre. A chaque déception, dès qu'un appui extérieur semble se dérober, nous risquons de nous effondrer, de faire une dépression... ou de « tomber malades », comme si nous n'avions d'autre réponse possible face à ceux qui, au moins le croyons-nous, nous ont « laissés tomber ».

Le regard des autres peut ne laisser aucune place au regard sur soi. Toutes les images différentes qui nous sont renvoyées nous transforment en toupie tournoyant sur nous-mêmes à la recherche d'une unité. Or penser et agir en fonction de ce que les autres nous renvoient, afin de perpétuer cette image, ne nous permet en aucun cas de trouver notre identité.

Le regard des autres est nécessaire à notre évolution ; le soutien moral, l'encadrement social et affectif sont indispensables à notre développement. Mais en aucun cas ce regard ne doit nous détourner de notre route. Une rose nécessite soins et chaleur pour se développer, mais, plus ou moins épanouie, elle restera toujours une rose. Chacun de nous possède une identité qui lui est propre ; et personne ne peut la connaître mieux que nous. La méconnaître, pour n'avoir pu nous libérer des liens trop serrés de l'enfance, des attentes dont nous avons été l'objet, des images aliénantes qui nous ont toujours été renvoyées, cette négation de notre identité ne peut être qu'à l'origine d'un mal-être... qui peut aller parfois jusqu'à la maladie.

3.

COMPRENDRE SA DOULEUR

« J'ai des nausées dans la tête... »

« J'ai des nausées dans la tête... et j'ai des nausées pour
de vrai. A chaque fois que je vais mal dans ma tête, je ne
vais pas dans mon corps... Pourquoi faut-il absolument
que mon corps se détraque quand je suis malheureuse ? »
Quand même nous aurions aimé ignorer notre chagrin, le
corps met en maux notre douleur morale : les peines de
cœur nous donnent vraiment mal au cœur.

Impossible de se mentir à soi-même, inutile d'ignorer
telle déception, tristesse, colère ou peur... le corps prend
un malin plaisir à les exhiber sous la forme de douleurs
physiques. Et le langage du corps ne ment pas ; ainsi que
les actes manqués et les rêves, ces manifestations incontrôlables permettent de découvrir cette part de soi, de ses
désirs et de ses peurs, qui était jusque-là inconnue.

Dans la vie quotidienne le corps nous dit sans cesse
ce qui le heurte et l'agresse, et cela avant même que
nous sachions la cause ou l'objet de cette agression :
paroles blessantes, attitudes offensantes, gestes cruels,
notre chair subit coups et blessures, chocs et violences...
elle est le lieu de répercussion inévitable de tout ce qui

de l'extérieur vient troubler notre quiétude et contrarier nos désirs.

Les expressions du langage courant sont là pour le confirmer : que nous ayons l'impression d'avoir reçu « un coup de poing dans l'estomac » ou « un coup sur la tête », que nous ayons « les jambes en coton » ou « la gorge serrée »... notre corps apparaît comme le révélateur instantané de notre sensibilité au monde extérieur ; il est le théâtre de nos émotions intimes.

Parfois il est facile de comprendre le pourquoi de ces émotions soudaines : nous retrouvons leur origine dans des événements qui précèdent la sensation de malaise. « A chaque fois que je vois une Land Rover, j'ai des palpitations, et je me sens mal. C'est absurde, mais ça me fait penser à lui, à tout le mal qu'il m'a fait. » « Je ne peux voir la tour Eiffel, elle habitait au Champ-de-Mars, sans ressentir immédiatement un poids sur la poitrine : je pense avec nostalgie aux moments de bonheur que nous avons passés ensemble. » « Dès que j'entends prononcer son prénom ou que je sens son parfum, j'éprouve une sensation de vertige ; je suis bouleversé, avec la même intensité que je l'ai été après son départ. »

Objets intermédiaires dans la relation à l'autre, ces rappels partiels d'une réalité vécue sont chargés de souvenirs qui nous reviennent en mémoire, et cela avec parfois plus d'intensité que n'éveille la présence réelle de l'autre. « Quand je le vois, je ne lui en veux plus ; mais tout ce qui me fait penser à lui provoque immédiatement en moi une sensation d'angoisse. Comme si j'avais gardé plus de rancune pour les objets que pour lui. »

La connexion entre l'objet déclencheur et le souvenir qu'il évoque s'impose ici avec évidence ; mais le plus souvent, nous ne savons rien ni de l'un ni de l'autre. Une réflexion d'apparence anodine, un geste tout à fait banal, une situation qui ne présente aucun caractère dramatique provoquent soudain un malaise inexpliqué. « Hier, en faisant mes courses comme d'habitude, je me suis sentie très mal ; tout d'un coup, sans raison. J'étais comme paralysée par l'angoisse, j'avais des sueurs froides et les jambes en coton ; en même temps, j'avais un besoin irrésistible de partir de l'endroit où j'étais. »

Nous connaissons ces sensations ; elles font partie de notre vie. Mais l'interrogation qui persiste quant aux raisons de leur survenue nous laisse en proie à la crainte incessante de leur réapparition. Puisque ces crises n'obéissent à aucune logique apparente, ne risquent-elles pas de revenir n'importe où, n'importe quand ? Comme un piège qui nous serait sans cesse tendu, elles nous font vivre en permanence dans la peur d'un danger inconnu.

Quelles sont les pensées sournoises qui nous traversent l'esprit, capables de nous mettre dans un tel état d'angoisse que des lieux familiers nous apparaissent dès lors comme étrangers, et que l'attitude ou le regard des autres semblent nous être devenus hostiles ? Pourquoi ce besoin de fuir au plus vite le lieu dans lequel nous sommes pour nous retrouver enfin dans un lieu sécurisant ?

Une image éphémère, par association d'idées, est capable de favoriser à notre insu l'évocation d'un souvenir douloureux : image suscitée par un air de musique, une odeur ou un paysage qui nous font revivre instantanément des souvenirs lointains, et provoquent en conséquence un pincement au cœur, une angoisse irrépressible, ou bien une sensation de bien-être immédiate sans que le souvenir lui-même nous revienne en mémoire. « Il arrive que des souvenirs, postérieurement à tout événement, se comportent tout à coup dans notre mémoire comme des événements eux aussi*. »

Nous pouvons ainsi découvrir qu'un malaise qui se répète année après année correspond à une date anniversaire que nous commémorons avec notre corps, tout en l'ayant consciemment oubliée. « Tous les ans, au mois de février, je suis complètement déprimé. J'ai compris, des années après, que c'était le mois où ma mère s'était suicidée. » De même, des lieux réveillent avec force certaines douleurs, sans que nous puissions en rien contrôler cette émergence soudaine d'émotions appartenant à notre passé. « Quand je vais voir mes parents et que je retourne en Bretagne, là où je suis né, aussitôt que j'ai dépassé Rennes, je commence à avoir mal au ventre. Tout ce que je voudrais oublier le reste du temps me revient en mémoire, et m'agresse à nouveau comme dans mon enfance. »

Déjà sensibilisés par les expériences passées, ayant subi des traumatismes qui tout en étant oubliés restent mémorisés en nous, nous réagissons à chaque événement de la vie quotidienne en continuité avec ce que nous avons déjà vécu, en référence permanente avec notre passé : les douleurs sont d'autant plus vives et inattendues qu'elles réveillent un passé lourd des chagrins de l'enfance, les peurs d'autant plus fortes qu'elles sont provoquées par un type d'agression trop connu, les colères d'autant plus violentes qu'elles font face à des situations d'impuissance ou de rage déjà vécues...

« Tout ce qui me rappelle l'attitude de ma mère me met dans un état de rage inextinguible : les cadeaux qui n'ont

---

* Proust, *A la recherche du temps perdu*.

rien à voir avec mes goûts, les réflexions désagréables sur ceux que j'aime et que j'admire, les critiques incessantes sur mon comportement... » « Quand je me retrouve en présence d'une personne importante dans le cadre de mon travail, devant un grand bureau, face à un personnage reconnu et valorisé socialement, je me sens à nouveau comme le petit garçon devant le bureau de mon père, gauche, timide, ignorant des bonnes manières, stupide et mal à l'aise. » « Quand il me laisse entendre qu'il va partir, qu'il a d'"autres choses" à faire, "ailleurs", j'ai l'impression de tomber dans un trou noir. J'ai envie de mourir, de disparaître, je me dis qu'il ne m'aime pas, que personne ne m'a jamais aimée et je revis cette sensation d'abandon que j'ai ressentie dans mon enfance. »

Ces sensations, ces réactions, il ne faut pas les méconnaître ; mieux, nous devons leur prêter une attention toute particulière. Elles sont la voie d'accès pour comprendre ce qui dans le passé nous a fait mal, et permettent ainsi d'éviter autant que possible dans le futur les situations les plus à même de nous mettre à nouveau en état de fragilité.

Il apparaît donc essentiel de ne jamais mépriser l'apparition d'un signal d'alarme ; ce dernier nous met face aux limites de ce que nous pouvons supporter. De même que les sensations de chaud ou de froid indiquent s'il faut nous couvrir ou nous dévêtir, ou qu'une crampe signale qu'une position est inconfortable, de même les malaises qui s'imposent dans certaines circonstances sont là pour nous faire prendre conscience des risques que nous prenons à perpétuer une situation qui ne peut que nous rendre de plus en plus malades.

« Ne me secouez pas, je suis pleine de larmes. » La répétition de ce que nous vivons comme une agression, non seulement nous rend encore plus sensibles à ce type d'agression, mais elle provoque en nous un état tel de vulnérabilité que ce qui d'ordinaire nous laissait indifférent, finit également par nous agresser. Notre seuil de tolérance est devenu si bas que nous réagissons alors avec une anxiété exagérée devant la moindre contrariété. Et nous sommes progressivement dans un tel état de tension que notre corps, incapable de fonctionner librement, accumule ce que l'on appelle des « symptômes fonctionnels » : la fonction seule est atteinte, il n'existe pas de lésion organique. Mais ces symptômes, de transitoires peuvent avec le temps donner naissance à des maladies installées : transformation qui obéit, selon Jean Delay, « à une loi très générale selon laquelle un désordre du système neuro-végétatif provoque des manifestations fonctionnelles qui, par leur intensité ou leur répétition, s'organisent et par le fait même, s'organicisent ».

Chacun a un langage privilégié pour exprimer l'insupportable de ce qui lui est donné à vivre. « Dès que j'ai un problème, maintenant j'ai l'habitude, ça se porte sur l'estomac. » « Dans mon enfance, j'étais une nauséeuse-vomisseuse. Je crois que c'était à l'époque ma manière d'exprimer ce que je ne supportais plus. » « Quand j'ai mes crises de toux, on se moque de moi, on m'appelle la Dame aux Camélias. C'est vrai qu'à ce moment-là je me sens malheureuse, fragile... et que j'ai envie qu'on le sache. » « Dès que je me sens incapable de répondre à toutes les sollicitations dont je suis l'objet, mes maux de tête se déclenchent. Alors, je suis bien obligé de m'arrêter un instant. » « Ma colite se réveille quand on me dit que ce que je fais n'est pas bien, que je suis nulle et incapable : j'entendais sans arrêt des réflexions de ce genre quand j'étais petite. » « J'ai souvent mal à la gorge. J'ai l'impression que ça m'arrive quand je ne peux exprimer une émotion très importante : c'est comme un sanglot étouffé. »

Comme le dit Selye*, la mise en tension exagérée de l'organisme provoque une « cassure » là où le maillon de la chaîne est le plus faible : une partie du corps, à la fois fragile constitutionnellement et plus symbolique dans sa représentation est involontairement désignée pour dire ce qui ne peut être dit autrement. « J'ai remarqué que j'avais rarement deux douleurs en même temps : soit j'ai mal à la tête, soit j'ai des angines, soit j'ai mal à la vésicule, soit j'ai mal au dos... parfois l'un à la suite de l'autre, mais une seule localisation suffit à la fois pour exprimer, semble-t-il, ce que je sais être un malaise plus profond. Je ne sais si les différents lieux de mes somatisations ont un sens ; peut-être ai-je plutôt mal dans le ventre quand j'ai peur, mal à la gorge quand je me retiens trop long-temps d'exprimer quelque chose, mal au dos quand la vie me paraît trop lourde à porter, c'est trop compliqué, je courbe l'échine !... Et puis j'ai constaté aussi que je n'avais jamais un sentiment d'angoisse et une douleur somatique en même temps ; parfois, je suis très angoissée, puis j'ai une douleur quelque part et l'angoisse disparaît. »

Les manifestations fonctionnelles sont multiples ; ce qui semble essentiel n'est pas tant la manière de le dire que le contenu de ce discours somatique. Les voies utilisées ne sont que des erreurs de parcours : ce qui demande à être entendu doit l'être au-delà de ces déformations, au-delà de ces défenses qui empêchent de dire et même de penser l'insupportable d'une réalité qui est vécue comme iné-vitable.

---

* Hans Selye, *Le Stress de la vie*, Gallimard, 1975.

« Je n'arrive plus à dormir, j'ai des crises d'angoisse dès que je me retrouve dans le noir et le silence. C'est depuis que mon mari est parti... pourtant c'est beaucoup mieux pour moi : j'étais trop dépendante, je me sens enfin plus libre... » « Dès que je me réveille le matin, j'ai des palpitations et une sensation d'angoisse. Je ne m'explique pas pourquoi, car j'adore mon travail ; bien sûr, les conditions ne sont plus les mêmes, ceux avec qui je m'entendais bien sont partis, je ne supporte plus ni mon patron, ni mes collègues... Mais mon travail, c'est ma vie, il faut que je m'y sente bien. » « Depuis trois mois, je n'arrête pas d'attraper tous les virus qui passent, angine, rhume, grippe, et maintenant j'ai une bronchite. J'ai eu en plus la semaine dernière une bouffée d'angoisse... Je ne comprends pas, je vais me marier et j'en suis très heureuse... »

« Je ne comprends pas... » Travail de deuil, adaptation au changement, peur de l'inconnu, le corps exprime des difficultés que certains auraient préféré annuler par un effort de volonté, contrôler par la toute-puissance de la pensée : puisque cette situation est censée être positive pour eux, ils « doivent » aller bien. Quant à certaines difficultés, puisqu'ils les connaissent et qu'il leur faut les accepter, elles ne « devraient » plus encombrer leur esprit ni déranger leur vie. Ils vivent une séparation, qui certes comme toute séparation est douloureuse, mais puisqu'elle est positive, ils doivent normalement se sentir de mieux en mieux... Leurs conditions de travail ont changé, mais cela doit être sans importance, car ils aiment leur travail... Ils ont fait le choix de se marier, ils doivent être heureux, même s'ils ne sont pas tout à fait convaincus d'avoir pris la bonne décision...

Comment en effet ne pas tout faire pour tenter de banaliser et même d'annuler des difficultés contre lesquelles nous nous sentons impuissants à agir ? Ce serait tellement plus facile si nous pouvions, par la volonté et la raison, non seulement nous convaincre que nous sommes dans la bonne direction, mais vivre ce choix dans le bonheur et la sérénité. Malheureusement, par toutes les douleurs et les angoisses que nous ressentons dans notre corps, nous avons la preuve qu'il en est autrement : nous ne pouvons « faire comme si... », nous sommes confrontés à la triste réalité de ce que nous ne supportons pas. Et que faire alors sinon regarder en face ce qui ne va pas, reconnaître la douleur provoquée par une séparation, la perte de ce qui fut bien et n'est plus, ou encore un changement de vie qui fait craindre le pire ? Que faire sinon affronter ces difficultés pour tenter de les résoudre, ou voir en face un deuil que seul le temps pourra atténuer ?

« On ne guérit d'une douleur qu'à condition de l'éprouver pleinement » (Proust). Reléguer une douleur dans un coin éloigné de notre esprit, vouloir la faire taire en niant obstinément son existence ou en l'assommant avec des antalgiques ou des anxiolytiques, ne l'empêchera jamais de continuer à agir sournoisement, à notre insu, et surtout aux dépens de notre santé. Et ce n'est certainement pas en refusant de la voir que nous ferons disparaître les causes qui l'ont provoquée, lesquelles par la persistance de leur présence ne peuvent que nous laisser encore longtemps malheureux dans notre tête et malades dans notre corps.

« Monsieur mon passé, laissez-moi passer »

Un sentiment de malaise, d'angoisse, de tristesse ou de rage a toujours une raison d'être : il faut déceler l'insupportable de la situation qui le provoque, trouver le détail ou l'indice capable de nous amener sur le chemin de la compréhension. Chacun doit apprendre à se connaître suffisamment pour découvrir, sous des mots d'apparence anodine ou des attaques dont il pense qu'elles ne devraient plus l'atteindre, le point de fragilité qui est le sien.

Avec le temps, il devient possible de faire le lien entre un certain type d'événements et les réactions négatives que ceux-ci provoquent en nous, de trouver le dénominateur commun à toutes ces agressions intimes. Nous apprenons à découvrir quels sont les désespoirs d'enfance qui sont ranimés dans certaines circonstances, à y voir la répétition de promesses non tenues, de jugements négatifs ou d'attitudes de rejet dont nous avons déjà souffert dans le passé. « J'ai eu une crise d'angoisse parce qu'il ne m'appelait pas. Une envie de mourir, la sensation de revivre une douleur que je connaissais trop bien. Je sais que bien au-delà de l'amour que je ressens pour lui, ce sont toutes mes déceptions, tous les abandons que je revis ; c'est tellement irrationnel, incontrôlable. J'ai l'impression que c'est très profondément ancré en moi, que je n'en guérirai jamais, que ça vient de très loin, ça devait être du temps où j'étais dans le ventre de ma mère ! » « J'ai toujours su qu'elle était futile, inconséquente et séductrice... comme l'avait été ma mère. Mais je voulais réussir à la conquérir pour réparer à travers elle le manque d'amour dont j'avais souffert dans mon enfance. Seulement mon besoin d'elle était tel, ma passion si possessive que je la faisais fuir ; et là où je voulais réparer un sentiment de rejet, j'étais de nouveau rejeté et nié ! »

Quel sentiment d'abandon ou d'exclusion se réveille à l'occasion d'un mot, d'une réflexion, d'une absence ou d'une déception ? Que signifie cette attitude régressive, dont nous sommes les premiers à reconnaître le caractère absurde, mais qui s'impose à nous sans que nous puissions rien faire ? Quel type de lien à l'autre se prolonge ainsi depuis l'enfance ? Quel est ce nœud douloureux qui, tant qu'il n'est pas délié, vient embrouiller notre vision du monde et de la réalité ?... « On m'a toujours dit que je n'étais pas présentable ; alors dès que je suis avec des gens chics ou ayant une place importante dans la hiérarchie sociale, je me sens mal habillé et mal dans ma peau. » « Je suis toujours dans l'attente, et je ne vois que ce qui m'est refusé. J'ai toujours attendu de ma mère un vrai geste d'amour ; mais elle était inauthentique et incapable d'aimer quelqu'un d'autre qu'elle-même. Et maintenant j'attends toujours d'elle des mots d'amour, comme j'attends des autres, même quand ils sont odieux, qu'ils viennent enfin réparer par leur gentillesse cette douleur intolérable. » « Pendant mon enfance, c'était un déchirement à chaque fois que je me séparais de mon père pour rejoindre ma mère, et que je la quittais ensuite pour retrouver mon père. Toute séparation m'est insupportable, j'ai à chaque fois des crises de migraines ; et je sais que je suis incapable dans une relation, même si je sais que ça ne va pas, de rompre le premier. »

Toucher ce point douloureux, comme on touche du doigt sur le corps une zone douloureuse, et comprendre qu'avec le temps il a entraîné par réaction d'autres points douloureux, constitue déjà un moyen de le circonscrire pour mieux le faire disparaître. Si nous ressentons subitement une douleur violente dans notre corps, notre inquiétude nous fait craindre le pire. Mais une fois rassurés quant à son absence de gravité, nous constatons que la douleur est déjà moindre : elle est diminuée de toute l'anxiété qui lui donnait une intensité dramatique.

A chaque fois que nous éprouvons une douleur dans notre corps, nous avons besoin qu'un médecin nous dise de quelle affection il s'agit, et qu'à cette affection nommée, il indique les remèdes efficaces pour la faire disparaître. Nous sommes alors en possession d'une médication, avec un mode d'emploi et un délai d'action : nous avons en tête une somme de détails pratiques sur lesquels fixer notre attention. Nous n'éprouvons plus ainsi la sensation pénible d'être seuls et incompris face à notre douleur, sans autre solution que d'espérer une guérison miraculeuse.

De même en ce qui concerne un sentiment d'angoisse, une émotion trop envahissante ou ces petits symptômes fonctionnels qui nous empoisonnent la vie, si nous en connaissons l'origine, il est beaucoup plus facile dans un premier temps de les accepter, et ensuite de tout mettre en œuvre pour éviter leur réapparition.

Il semble que tout au long de la vie la même vieille douleur se répète inlassablement jusqu'à ce que nous soyons enfin capables de la détecter et de lui retirer son pouvoir maléfique, ou que nous ayons instinctivement appris à éviter les situations susceptibles de la recréer. Les premières circonstances à l'origine de son apparition sont impossibles à retrouver : elles remontent à un temps où la mémoire ne peut se rendre. Les expériences déclenchantes dont il est possible de se souvenir sont déjà la répétition de cette douleur ancienne.

Il faut par conséquent découvrir les conditions dans lesquelles cette douleur se réveille, et ce qu'elle entraîne comme réaction immédiate dans notre corps. Réaction répétitive à une situation répétitive, l'une et l'autre le plus souvent nous échappent ; nous n'en sommes que les spectateurs impuissants. D'autant plus impuissants que le sentiment qui prédomine dans ces situations de rejet, d'abandon, d'injustice ou d'humiliation est celui de la non-existence : nous sommes soudain niés dans le regard de l'autre. « Je ne supporte pas que l'on me fasse attendre. Cette négation de mon temps à moi, c'est une négation de ma personne tout entière ; j'ai l'impression d'être oublié ou que l'on ne me respecte pas. Je me sens abandonné. » « J'ai toujours besoin de plaire, si je sens que je ne peux plus obtenir ce que je veux par mon charme, si l'autre m'impose un refus, je perds tous mes moyens. L'autre, c'est n'importe qui ; même la dame qui me vend des cigarettes, ou celle qui est derrière son guichet à la banque, si elles sont désagréables avec moi, c'est comme si le monde entier me rejetait d'un seul coup. » « Ce qui me fait le plus mal, c'est que l'amour puisse m'être donné ou retiré, sans que je comprenne jamais pourquoi. Je vis ce changement brutal d'attitude comme une injustice intolérable, et j'ai immédiatement des larmes qui me montent aux yeux. J'existe, puis je n'existe plus ; en me retirant son amour, c'est comme si l'autre me tuait. »

Tout notre comportement devient alors régressif : nous ne sommes plus qu'une demande d'amour désespérée et nous hurlons notre besoin d'exister. Comment être bien si nous ne nous sentons pas exister dans le regard de l'autre, dans l'amour qu'il nous porte et qui par là même nous porte ; si nous n'avons pas la certitude d'être vus et entendus tels que nous sommes, reconnus en ce sens comme uniques et irremplaçables ? Tout ce qui, par un regard, un mot, une situation met en cause cette existence réveille instantanément ce qui déjà dans le passé a provoqué une sensation similaire. Avec la rapidité d'une réponse réflexe, notre corps répond automatiquement dans le langage qui lui est propre, c'est-à-dire par des émotions ou par des symptômes fonctionnels : il pousse un cri d'alarme. « J'ai toujours été consciencieuse et exigeante, mon travail, c'était ma vie ; même si je travaillais beaucoup, cela m'était égal car je me sentais indispensable. Maintenant les conditions ne sont plus les mêmes, je ne suis plus reconnue pour ce que je fais. Tous les matins j'ai des bouffées d'angoisse et des nausées rien qu'à l'idée d'aller travailler ; je sens vraiment que j'y vais à contrecœur. »

Mais attention, parfois voyons-nous des attitudes de rejet ou d'humiliation là où elles ne sont pas ! Nous vivons comme une agression des situations qui ne présentent objectivement rien de menaçant : le danger possible n'est que le pur produit à la fois de nos expériences passées et de notre imagination. Trop sensibilisés par des traumatismes passés, nous sommes à l'affût de tout signe susceptible d'éveiller à nouveau un type d'agression qui appartient à notre histoire et non à la situation présente. Nous prêtons à l'autre une pensée qu'il n'a pas et nous le nions finalement à notre tour en lui faisant jouer un rôle qui n'est pas le sien, ou en interprétant à tort une agressivité qui est en réalité totalement étrangère à la relation qu'il entretient avec nous.

Toujours fixé sur le passé, chacun a son petit cinéma intérieur qu'il projette en toutes circonstances, indépendamment de toute réalité objective : il en connaît le scénario par cœur. C'est le réveil en premier lieu de ses émotions qui l'amène ensuite à égrener tel un chapelet des plaintes et des regrets éternels. Pour celui qui vit l'échec ou la déception comme une fatalité, défilent de façon presque mécanique des phrases ou des scènes dont il connaît parfaitement la succession : du « personne ne m'aime » et

« tout le monde m'en veut » à « je suis incapable et jamais je n'y arriverai », reviennent comme un leitmotiv des convictions douloureuses quant à son malheureux destin... « A chaque fois que j'ai un rendez-vous, je me fais tout un cinéma, j'imagine le pire, je suis persuadé que je ne serai pas à la hauteur, et je me prépare à répondre à toutes les attaques que je vais subir... Je suis devenu complètement parano, je sais que j'imagine chez les autres des pensées qu'ils n'ont pas. »

Notre propre pensée a déjà le pouvoir d'agir comme un élément extérieur perturbateur : « Il suffit que je pense qu'il pourrait me quitter un jour pour être envahie par l'angoisse. » « Mon angoisse, je sais que je peux me la créer de toutes pièces, rien qu'en pensant que je peux être angoissé. Et ensuite je l'alimente par des pensées sinistres, toujours les mêmes. Peut-être faudrait-il que j'arrête de me faire mal tout seul ! » Certains sont particulièrement doués pour se raconter des histoires dramatiques : dotés d'une imagination extraordinaire, ils font intervenir dans une mise en scène très élaborée les acteurs de leur vie passée et présente. Ils inventent un dénouement, toujours le même ; un dénouement qui provoque une sensation d'angoisse bien connue, et qui leur est de plus en plus intolérable dans sa répétition... même s'ils savent l'avoir en quelque sorte provoquée !

« Tu es contagieux à toi-même, souviens-t'en. Ne laisse pas "toi" te gagner*. » Il nous faut être sans cesse très vigilants afin de détecter ce qui déclenche ce cinéma intérieur, et désenclencher immédiatement le processus mis en route. Notre pensée nous entraîne trop facilement dans

---

* Henri Michaux, *Poteaux d'angle*, Gallimard, 1981.

une succession d'hypothèses empruntées à notre histoire passée : nous anticipons l'avenir avec l'idée que tout doit irrémédiablement se répéter de façon identique, qu'il nous faudrait toujours avoir à subir ce que nous avons déjà vécu. « Maintenant je prends conscience de l'instant où je commence mes délires. »

Or cette attente anxieuse d'un événement ou d'une réaction de la part d'autrui risque justement de provoquer ou d'accélérer la réalisation de ce qui est craint : la peur finit par concrétiser l'objet de la peur. Comme pour justifier, et faire cesser bien maladroitement cette attente, la réalisation de ce qui est redouté devient, paradoxalement, plus supportable que cette peur. Cette attitude se retrouve chez ceux qui, envahis par la peur de l'abandon, ont un comportement tel qu'ils ne peuvent qu'induire le rejet de l'autre, chez ceux qui, obsédés par la peur de l'échec, ne se mettent pas en condition pour une réussite possible, ou encore ceux qui, convaincus de n'être jamais à la hauteur, favorisent ce jugement négatif qu'ils craignent tant de provoquer chez les autres.

La peur d'un événement dramatique peut être parfois tout aussi douloureuse à vivre que l'événement lui-même : elle s'alimente des fantômes du passé, et des projections les plus pessimistes concernant le futur. Pour faire disparaître cette souffrance, il devient préférable de raccourcir le temps de l'attente par la précipitation de ce qui est pensé comme inévitable : le deuil devient réalité, il n'est plus peur. Et s'il représente la fin d'une illusion, il est aussi l'amorce d'une liberté retrouvée : « Je vivais dans la crainte permanente que ma petite amie me quitte. Cette crainte s'était transformée en une série de petites craintes, de phobies nouvelles et invalidantes ; je me sentais toujours en insécurité. Une fois qu'elle m'a quitté, tout en étant désespéré, c'est bizarre, mais je me sentais finalement soulagé. »

Pour ne pas nous laisser enfermer par la pensée dans la répétition sans fin de situations identiques à celles de notre passé, il faut effectuer un effort d'analyse et de réflexion sur ce que nous vivons et avons vécu : chercher à comprendre quelle est la structure relationnelle qui se répète inlassablement tout au long de la vie, et nous défaire de ces toiles invisibles qui nous ont peu à peu emprisonnés sans que nous ayons pu nous en apercevoir.

Si nous ne savons retenir du passé que des regrets, nous sommes obsédés par ce que nous n'avons pas fait, par ce qui ne nous a pas été donné ou que nous n'avons pas réussi à obtenir. Notre tête s'est progressivement remplie de « je n'aurais pas dû... » ou « pourquoi n'ai-je pas su... », et de tout le cortège des « si », douloureuse remise en question de nos choix antérieurs. Les échecs que nous avons subis, et les déceptions qui les ont accompagnés, laissent alors en nous un sentiment profond d'amertume.

Tant qu'un événement douloureux reste incompris quant à son origine, il demeure pour un temps illimité dans la mémoire ; il ne peut être digéré... et fait l'objet d'une rumination incessante. Telle une question restée en suspens, il constitue alors un frein à notre évolution. Comment ne pas craindre de subir une agression identique sans comprendre davantage les raisons qui ont pu la provoquer ? Comment ne pas s'interdire de nouvelles expériences par l'incapacité même de s'abstraire de ces lieux du passé ?

C'est ainsi que, par ressentiment vis-à-vis d'un passé qui s'est mal comporté avec eux, certains s'empêchent de vivre ; ils voudraient punir ainsi tous ceux qu'ils jugent responsables de leur malheur. Et pour mieux leur faire prendre conscience de leur culpabilité, ils font en sorte de ne rien réussir. « De toutes les façons, je raterai mes examens ; c'est ce qu'ils veulent. Ils seront bien contents quand j'aurai passé une année pour rien ! »

Incapables de supporter à nouveau une frustration dont ils pensent qu'elle est la preuve supplémentaire d'un amour qui leur est refusé, ils en veulent non seulement à ceux qu'ils pensent les avoir trahis, mais également à tous ceux qui, d'aussi loin qu'ils s'en souviennent, les ont déjà trahis. Une fois de plus les autres refusent d'accéder à leur demande ; et ils se comportent alors comme l'écolier à qui l'on interdit d'aller au premier rang et qui prend ostensiblement une place au dernier rang.

Leur propre malheur leur est nécessaire pour montrer aux autres à quel point ils souffrent... afin que ces derniers souffrent si possible à leur tour du mal qui leur a été fait ! « Parfois, je pense que je peux aller mieux. Mais j'ai l'impression que ce ne serait plus moi. Et si je deviens un autre, c'est comme si moi, j'étais mort. Ma douleur m'est indispensable pour vivre. Elle justifie qu'on m'aime et qu'on me protège. Vis-à-vis des autres, je ne peux exister autrement que malheureux. » « Je suis inguérissable, irrécupérable. Dès que je vais mieux, je fais tout pour me détruire à nouveau. Etre nul, incapable, sans argent, sans métier, si on m'aime sans que je donne absolument rien, au moins je suis sûr d'être aimé pour moi-même. Je prends une revanche sur ceux qui n'ont pas su m'aimer quand je croyais faire tous les efforts nécessaires pour l'être. Si je vais mieux, je suis comme tout le monde, finalement j'ai la sensation de perdre quelque chose. » « Etre malade, c'est la seule faiblesse qu'ils reconnaissent. Pour le reste, si on veut, on peut ; les problèmes psychologiques, c'est uniquement pour les gens qui se compliquent la vie. Mais la maladie, ça fait peur, personne n'en est à l'abri ; alors quand je suis malade, je suis sûr qu'ils s'occupent de moi, qu'ils s'aperçoivent enfin que j'existe. »

Il semble qu'ils aient choisi, même s'ils n'ont pas toujours conscience de leur choix, de vivre dans le mécontentement et l'insatisfaction. Heureux et comblés, ils n'auraient plus aucune justification à attendre une réparation, laquelle est devenue essentielle à leur vie. D'autant que, dépendants de l'autre, ils souhaiteraient que l'autre soit à son tour dépendant d'eux. « J'ai peur d'être indépendant, de prendre conscience que je peux prendre du plaisir sans l'autre. Comme si je réalisais ainsi qu'il peut prendre lui aussi du plaisir sans moi. »

Et ils n'ont bientôt plus la sensation d'exister que dans la haine et l'agressivité. « Tous les matins en me réveillant, comme si je faisais des exercices d'assouplissement ou de mise en forme, il faut que j'exprime mon agressivité contre quelqu'un, n'importe qui ; ça change souvent, ils sont nombreux ceux contre qui j'ai des griefs. Je me libère ainsi d'un trop-plein de rage qui semble s'être accumulé pendant la nuit. Et après, je me sens capable d'affronter plus calmement ma journée. » A croire qu'ils ne trouvent plus la force de vivre que dans la revendication de ce qu'ils n'ont jamais eu, dans la lutte contre ceux qui ne leur donnent pas ce qu'ils désirent. S'ils n'avaient soudain plus aucune raison d'en vouloir à quiconque, ne craindraient-ils pas alors de se retrouver face au vide ?

Il leur semble préférable de montrer aux autres le visage d'une femme ou d'un homme malheureux ; et ils n'hésitent pas même à en donner toutes les preuves possibles en exhibant leurs différents problèmes... A l'abri de toute attaque, on n'attaque pas un être souffrant, ils peuvent par un biais détourné exprimer leur agressivité ; sous la forme d'un reproche déguisé, leur difficulté à vivre exprime aux autres leur incapacité à les rendre heureux. Et pour ne pas se sentir d'aucune façon coupables de leur agressivité, ils mettent en avant, visible pour tous, le mal qu'on leur fait : ils choisissent le rôle de la victime plutôt que celui du bourreau, ils cherchent à provoquer la pitié plutôt que l'envie. Leur insatisfaction apparaît ainsi comme un compromis entre leurs pulsions agressives et toute la culpabilité qui en résulte.

Mais la plainte exprimée vient masquer le plus souvent une souffrance plus profonde ; et cette aliénation est finalement moins grave que l'angoisse qui pourrait résulter d'un autre type de comportement. Il est parfois plus facile de se créer des impossibilités externes à la mesure de ses impossibilités profondes, et ensuite de se servir d'elles pour justifier une difficulté à réaliser ses désirs. La maladie peut ainsi jouer le rôle de prétexte à ne rien vivre, ou par le fait même qu'elle met la vie entre parenthèses, à remettre à plus tard ce qu'on aimerait faire... une fois guéri de sa maladie. Prendre le risque d'être heureux, n'est-ce pas renoncer à tous les bénéfices secondaires de l'état d'être souffrant ?

« Je ne peux pas... », maladie, fatigue, travail, obligations de toutes sortes... Les raisons énoncées sont-elles les vraies raisons ? Peut-on parler de soi comme s'il s'agissait d'un autre que soi, et ainsi énoncer comme une certitude de n'avoir d'autre issue que de se lamenter sur sa propre impuissance ? « J'ai envie de faire des efforts, mais j'ai peur que cela ne dure pas. J'ai l'impression que tous mes actes échappent à ma volonté, comme si j'étais incapable de bouger ma jambe ou mon bras. C'est malgré moi, si je fais quelque chose qui n'est pas bon pour moi.

Mais c'est aussi malgré moi si je ne fais pas quelque chose qui est bon pour moi ; même si je sais être capable de me battre, je suis le plus souvent envahi d'une paresse incontrôlable, comme un moteur en panne. »

Faudra-t-il éternellement dire son agressivité dans la douleur, et penser n'être entendu que par l'intermédiaire de sa souffrance ? Avant de faire éventuellement du mal aux autres en leur exhibant son malheur, c'est à soi que l'on fait du mal. De plus, le sentiment de culpabilité que certains veulent plus ou moins consciemment induire chez l'autre, au lieu de susciter des gestes et des manifestations d'amour, provoque une fuite qui ne peut que les faire souffrir encore davantage. Qui supporte en effet que lui soit renvoyée une image toujours négative ? Qui accepte qu'à tous les efforts qu'il puisse faire, il n'ait d'autre réponse qu'un malheur persistant et une insatisfaction permanente ?

Et le corps finit par prendre de mauvaises habitudes ; dans cette répétition spasmodique et douloureuse, dans cette explosion passagère qui libère pour un temps de toutes les tensions internes, on ressent un plaisir profond, viscéral : une jouissance des organes internes. Et on finit par intégrer ce mode de libération des émotions au point de croire qu'aucun autre ne lui est remplaçable. Il faut alors progressivement se déconditionner : apprendre, ou réapprendre, des moyens d'expression à la fois plus simples et moins destructeurs.

Réagir

« Comme s'il fallait que j'aille au bout de ma souffrance, que je la vive jusqu'à l'insupportable dans mon corps, seul moyen de tout faire alors pour la dépasser, pour la rejeter hors de moi, pour être convaincu qu'elle n'a plus lieu d'être, je me remettais sans cesse en situation d'attente et de demande ; je me heurtais contre les murs de l'absence, de la non-réponse, comme un papillon qui, attiré par la lumière, ne réalise pas qu'il se brûle les ailes. Il me fallait toucher du doigt mes limites, et les limites imposées par l'autre, pour enfin pouvoir les reconnaître et les accepter. Je n'avais pas compris que l'autre, devenu prétexte à souffrir, je l'avais inventé pour dépasser une souffrance qui ne le concernait pas. »

Il nous faut le plus souvent être allé au-delà de nos limites pour les connaître et avoir atteint un certain seuil de souffrance pour décider enfin de nous protéger. « J'ai réalisé que maintenant je me protégeais, mais sans m'en rendre compte. Je n'ai pas décidé arbitrairement, artificiellement de le faire ; cela se fait tout seul, je ne veux plus souffrir, alors je ne me mets plus instinctivement en condition de souffrance. »

Il est un temps, celui de sa jeunesse, où l'on a la sensation que tout est possible. La notion de souffrance est secondaire face à tout ce qui est à vivre : il semble absurde d'être raisonnable et de mesurer ses élans. Se préserver est synonyme de non-vie, se protéger de contrainte. « Le futur me paraissait ouvert, sans limite ni de mes forces ni de mes possibilités. Puis j'ai découvert la faille, le doute, la peur... j'ai été obligé de regarder la vie en face, de me poser des questions que je ne m'étais jamais posées ; et j'ai pris conscience d'une fragilité que j'avais toujours voulu ignorer. Maintenant, j'apprends à vivre avec elle. »

Avec le temps, nous pouvons apprendre qu'il est inutile de supporter ce que, par expérience, nous savons insupportable, ou de nous lancer à nous-mêmes des défis que nous savons impossibles à relever. Il devient évident qu'il ne faut plus rien attendre de ceux qui ne peuvent rien nous donner, de même qu'il est inutile de hurler face à ceux qui ne veulent rien entendre, de gesticuler face à ceux qui ne veulent rien voir, ou de vouloir atteindre ceux qui restent fermés à toute approche. « J'ai décidé de dire non à la souffrance. Je sais maintenant où est ma fragilité et ce qui peut me faire mal, aussi bien affectivement que professionnellement. Je ne considère plus comme une fatalité d'être toujours malheureuse. J'évite de me mettre dans certaines situations, et je change moi-même de situation face à mes problèmes. »

Notre force consiste alors dans la connaissance de notre fragilité afin de savoir la préserver, et non dans l'acharnement à la nier par des comportements qui nous donnent l'illusion d'être forts. Ces comportements mettent finalement en situation de danger : en cas de déception, le deuil est d'autant plus long et douloureux que nous souffrons de découvrir des failles que nous voulions ignorer. Et cette souffrance est d'autant plus intense que nous ne nous y étions d'aucune façon préparés.

Si nous sommes capables de prévoir un danger, compte tenu de ce que l'on sait de notre sensibilité à certaines situations, et de ce que ces dernières présentent à l'évidence comme complications inévitables, nous faisons de telle sorte de ne pas nous y engager, ou en nous y engageant nous avons conscience des risques que nous prenons. Mais nous préférons parfois faire le pari d'une réussite possible, ainsi que du caractère anodin de ces risques, présumant alors de nos forces en cas d'échec. « Je me suis toujours jetée la tête la première dans mes aventures. La plupart du temps, je savais qu'elles ne donneraient pas suite. Mais j'avais envie de les vivre ; je me disais, on verra bien. Et puis, je finissais par m'attacher à l'autre, l'idée d'une rupture me devenait intolérable, je voulais me persuader que cette histoire pouvait marcher, et c'est alors que je commençais à souffrir. Maintenant je ne veux plus me croire plus forte que je ne suis ; je sens tout de suite les hommes sur lesquels je ne peux pas compter et je fuis immédiatement. »

Cependant il se peut, quand on se sent malheureux, qu'il soit très difficile de « partir », de se décoller d'une situation génératrice d'angoisse : arrêter une conversation pénible qui n'a d'autre issue que de faire encore plus mal, prendre une distance nécessaire pour ne plus avoir à subir des agressions supplémentaires, mettre des limites à ce que l'autre impose dans une relation qui ne fait que détruire... Certains sont dans un processus où, paradoxalement, la douleur au lieu d'entraîner une séparation semble les lier à l'autre, où par habitude d'être traités d'une certaine manière, il leur semble impensable de pouvoir être traités autrement. Et ils s'attachent parfois d'autant plus à ceux qui les maltraitent qu'ils sont dans l'attente d'un geste réparateur, incapables de rester seul avec une douleur dont ils ne savent que faire. Ils n'ont alors d'autre idée en tête que de transformer cette relation pour se réhabiliter enfin à leurs propres yeux. « J'ai l'impression que je ne me reconnaîtrai moi-même qu'à partir du moment où lui me reconnaîtra. »

Il nous faut prendre en considération tout malaise ou sensation d'angoisse. Et agir autant que possible dès que nous en ressentons les premiers signes ; une fois installée, l'angoisse est d'une force telle qu'elle rend toute action impossible : la moindre décision à prendre nous plonge dans des abîmes de perplexité et demandent alors des efforts insurmontables. L'état d'inhibition est tel que tout élan spontané a disparu : nous réprimons des mouvements qui finissent par ne plus exister que dans notre tête. « Je sais bien ce qu'il faudrait que je fasse... mais je ne peux pas ! C'est comme si je me dédoublais dans ces moments-là ; je reste figée, stupide, malheureuse... tandis qu'un autre moi-même part en claquant la porte, sait dire merde et toutes les injures qui restent enfouies au fond de ma gorge sans jamais pouvoir sortir ! »

Ces inhibitions sont d'autant plus fortes que nous nous retrouvons dans des situations qui ont déjà engendré ce même type d'angoisse. C'est pourquoi, sitôt qu'elle apparaît, il nous faut comprendre ce qu'elle signifie non seulement dans le présent, mais dans ce qu'elle nous rappelle de notre passé. Afin cette fois-ci de ne plus répéter le même type de comportement.

L'angoisse est le plus souvent là pour nous faire agir : pour que nous puissions remettre en question certains éléments de notre mode de vie et transformer une situation qui, dans le présent, nous fait souffrir. Nous prenons conscience d'un mal de vivre qui, sans ce « signal d'alarme », serait resté inaperçu : nous étouffons dans des conditions qui ne sont plus adaptées à nos désirs, et nous ressentons le besoin d'élargir notre horizon, d'agrandir ou de transformer un espace qui, avec le temps, est devenu irrespirable.

La force de l'habitude apporte des contraintes qui, avec le temps, deviennent naturelles. Et l'environnement social comme les demandes affectives de l'entourage nous donnent la sensation de subir une pression permanente ; une pression qui ne laisse guère la possibilité de penser à quelque changement que ce soit dans notre mode de vie. Nous avons la sensation d'être pris dans un engrenage dont nous pouvons connaître les défauts et les dangers, mais dont nous sommes incapables de sortir sans l'intervention de certains symptômes : une douleur, une impotence, ou une fatigue telles qu'elles nous imposent, sur un mode impératif et urgent, l'arrêt de toute activité. Sans cette impossibilité physique à poursuivre inlassablement le même rythme acharné, sans cette preuve évidente que nous avons atteint les limites de ce que nous pouvions supporter, la succession de toutes les activités que nous considérons comme obligatoires serait impossible à interrompre.

Il est à souhaiter que la leçon tirée des expériences douloureuses soit un jour suffisamment intégrée en nous pour que nous ayons acquis des réflexes naturels de défense. « Maintenant, j'ai décidé de faire front à la réalité par des actes. J'arrête de me torturer l'esprit pour rien. Et je constate que cela se fait tout seul, j'agis presque malgré moi ; mais cette fois-ci dans le sens que je désire. » « Maintenant quand on m'attaque, je réagis avant même d'avoir pris la décision de le faire. Avant, je me demandais si j'avais raison de considérer tel acte ou telle réflexion comme une agression, et je ruminais pendant plusieurs jours les réponses que j'aurais pu faire. » « L'autre jour, au lieu de supporter encore et toujours leurs réflexions désagréables sans être capable de répondre, je me suis levée et je suis partie. »
Nos réactions s'imposent à nous avec évidence. Nous ne doutons plus de ce que nous ressentons, ni de ce qu'il faut faire en conséquence. Nous savons ce qui est bon ou mauvais pour nous. Au point que dans l'absolu nous pourrions dire : « Je me sens bien, je reste ; je me sens mal, je pars. »

Face à un danger, ou face à tout type d'agression, présente ou prévisible, il peut être en effet préférable de fuir si nous savons par expérience qu'il est impossible d'y parer ou d'y répondre ; l'absence de fuite, selon les travaux de Laborit, est à l'origine de nombreuses maladies somatiques. Nous pouvons également, comme dans les arts martiaux, réagir par « l'esquive » ou le « laissez-passer » : nous laissons notre adversaire seul face à son agressivité, déséquilibré par la force de ses propres pulsions agressives qui, faute de partenaire, se retournent contre lui.

Il ne faut pas croire nos forces illimitées. Nous devons nous protéger des souffrances inutiles : celles qui ne sont pas inévitables. Et nous montrer vigilants face à toutes les formes d'agression qui nous mettent peu à peu dans un état d'épuisement. L'épuisement augmente le seuil de réceptivité aux agressions : ce qui, sur un corps reposé, ne produit aucun effet, provoque à l'opposé, sur un corps fatigué, des altérations importantes. Notre sensibilité est exacerbée à cette occasion, laissant apparaître ce qui demandait à être oublié : une sensation de solitude, de rejet ou d'abandon. La répercussion symbolique des événements est alors bien plus lourde de conséquences que les événements eux-mêmes : fragilisés, nous les chargeons d'un sens qu'ils n'ont pas, et nous nous compliquons la vie pour rien. « Quand je suis malheureux, je deviens complètement parano, tout m'agresse, je me méfie de tout le monde, et je me sens trahi, justement par ceux que j'aime le plus. »

Pour éviter d'atteindre cet état de faiblesse physique et morale, il nous faut dire ce qui nous agresse, réagir par des mots ou par des actes. Le seul fait de nommer une douleur peut être déjà un moyen, sinon de la faire totalement disparaître, au moins d'atténuer sa virulence. Ainsi que le dit Corneille : « A raconter ses maux, souvent on les soulage. » Toute réflexion personnelle, dialogue avec des amis et travail dans le cadre d'une analyse ou d'une psychothérapie, tout ce qui peut permettre la reconnaissance de ce qui « fait mal », apporte un pansement sur des blessures jusque-là mal localisées. La prononciation même du mot ou de la phrase qui nomme l'objet de la souffrance est déjà un mode d'extériorisation de cette souffrance. « Je m'aperçois qu'à chaque fois que j'exprime mes émotions, au fur et à mesure que je parle, mes sensations de douleur, de tristesse ou de colère, et même certaines douleurs disparaissent peu à peu. »

Nos attitudes doivent également aller dans le sens de cette extériorisation : nous devons répondre aux attaques dont nous sommes l'objet, éliminer par des paroles ce qui nous tient à cœur, dire et redire, si possible, les traumatismes qui ont pu s'accumuler en nous afin qu'ils perdent de leur pouvoir douloureux, expulser hors de nous, à l'image d'un abcès qui se vide, toutes les idées, pensées et souvenirs qui nous font faire « du mauvais sang ».

Il est souvent préférable de réagir par la colère plutôt que de ressasser de tristes pensées. Mais nous n'en sommes pas toujours capables. « Je n'ai jamais pu exprimer mon agressivité vis-à-vis de mon père. Je ne m'autorisais pas à dire ma révolte ; pour moi, il était intouchable. Et ma colère était d'autant plus violente qu'elle était toujours réprimée. Rien de pire que l'absence de conflit ouvert ; on est complètement seul avec soi-même. On a une sensation d'inexistence, de transparence. »

Toutes ces douleurs en s'accumulant ne laissent aucune place pour des plaisirs simples, aucune disponibilité pour le monde extérieur. La douleur est exclusive; elle n'accepte, chez celui qui la subit, aucune présence en dehors de la sienne. Tout ce qui permet par conséquent de l'évacuer, que ce soit par des actes ou des paroles, se doit d'être tenté; il n'est jamais d'aucun intérêt de garder en soi ces secrets empoisonnants. Les crises de larmes et les éclats de rire, les mots et les gestes, la création artistique et les différents types d'expression corporelle sont à notre disposition pour permettre une échappée libératrice de nos émotions, pour faire disparaître progressivement ces vieilles douleurs qui nous empêchent de vivre.

Pour ne pas être envahis par ces souvenirs négatifs, par un sentiment d'injustice ou d'impuissance, il faut, par l'analyse de chaque expérience, en retirer l'enseignement qu'elle peut nous apporter. Nous pouvons ensuite avancer avec l'espoir de ne pas recommencer encore et toujours les mêmes erreurs, et de faire, tout minimes soient-ils, des actes libérateurs qui puissent nous permettre enfin d'être en accord avec nous-mêmes.

4.

À L'ÉCOUTE DE SON DÉSIR

> « Entrez en vous-même, sondez les profondeurs où votre vie prend sa source... Vous ne pourriez troubler plus visiblement votre évolution qu'en dirigeant votre regard au dehors, qu'en attendant du dehors des réponses que seul votre sentiment le plus intime, à l'heure la plus silencieuse saura peut-être vous donner... Votre vie lui devra en tout cas des chemins à elle. »
>
> RAINER MARIA RILKE, *Lettres à jeune poète*

La pensée sous influence

> « N'apprends qu'avec réserve.
> Toute une vie ne suffit pas pour désapprendre ce que naïf, soumis, tu t'es laissé mettre dans la tête — innocent ! — sans songer aux conséquences. »
>
> MICHAUX, *Poteaux d'angle*

« Je ne vis que dans le regard des autres. Je n'ai qu'un seul désir, qu'on me trouve beau et intelligent. Je suis toujours en attente d'un geste d'amour ou de reconnaissance ; et je sais que je cours ainsi derrière une image de moi-même qui m'amène à me méconnaître toujours davantage. » A être ainsi trop à l'écoute du jugement des autres, de leurs critiques aussi bien que de leurs conseils, nous risquons de ne plus savoir qui nous sommes, ni quels sont nos désirs. Nous sommes dans la dépendance d'une pensée étrangère à la nôtre, et nous lui donnons un crédit qui n'est pas toujours justifié.

« J'ai toujours l'impression que les autres savent mieux que moi ce que je dois faire. Je n'arrête pas de demander des conseils. Et je m'aperçois finalement qu'ils me parlent de leurs propres expériences, se permettant du haut de leur soi-disant réussite personnelle de critiquer mes actes comme si j'étais un enfant. C'est de ma faute, je me comporte comme si j'étais incapable de penser tout seul ! » Comme s'ils ne voulaient jamais accéder au monde des adultes, ce monde de la connaissance et de la responsabilité, certains remettent à plus tard la décision de se prendre en charge, d'être seuls face aux choix importants de leur vie. Accepter d'être à égalité avec les autres, ce serait pour eux renoncer aux privilèges du plus petit, aux doux bénéfices d'un certain maternage.

Or pour celui qui a des doutes quant à la valeur de son jugement, cette aide extérieure ne fait que les accentuer toujours davantage : certes il n'est pas responsable de ses échecs... mais il ne l'est pas davantage de ses succès. Et il n'est pas ainsi en position d'avoir à constater les effets positifs d'une prise de décision personnelle. Il ne se donne pas les moyens de gagner peu à peu, grâce à des critères objectifs de réussite, la réassurance dont il manque.

D'autant que ces « autres », tous les autres sans différenciation, qu'il admire et respecte sans mettre en cause le bien-fondé de leurs affirmations ne font le plus souvent que répéter ce qui leur a été transmis, qu'adopter un mode de pensée qu'ils restituent sans l'avoir toujours bien assimilé. Ils ont sur tous les sujets leur mot à dire ; mais savent-ils seulement si leurs idées ont été acquises par la réflexion et l'expérience, ou s'ils les ont, à leur insu, empruntées à tous les discours qui ont bercé leur jeunesse ? Se sont-ils jamais permis de remettre en question ce qu'ils considèrent comme des vérités familiales ? Ne se sont-ils pas au contraire construit avec le temps une véritable muraille face à tout ce qui pourrait les inciter à imaginer un éventuel changement ? Ne défendent-ils pas leurs opinions avec d'autant plus de force qu'elles risquent, ils le savent trop bien, de s'effondrer au moindre doute ? Ne font-ils pas que projeter sur les autres ce qu'ils voudraient faire mais ne peuvent justement pas faire, ou ce qu'ils font et croient à tort bien faire ?

Ils sont déjà prêts à se reprocher la moindre effraction à ces lois dictées aussi bien par les générations qui les ont précédées que par la société dans laquelle ils évoluent. Ils croient aveuglément à toutes ces idées reçues, qui pourtant, en tant que telles, ne sont solides qu'en apparence : elles n'ont ni l'enracinement ni la profondeur des idées acquises par l'expérience et la réflexion personnelle. Ceux qui ont des « opinions toutes faites » éprouvent davantage le besoin de convaincre que ceux qui ont des convictions profondes : le besoin qu'ils éprouvent de communiquer leurs certitudes n'est que le reflet de leur propre besoin d'y croire, et la force de leurs affirmations, proportionnelle à la fragilité qu'elles veulent masquer. « Celui qui sait se tait » (Lao Tseu).

Et nous irions suivre des conseils sur des sujets qui ne concernent que nous, sans tenir compte de la valeur de leur énoncé ? Notre éducation, une éducation où nous devons taire nos sentiments et nos propres réflexions, notre manque de confiance en nous, notre peur d'être différents des autres et de souffrir par conséquent d'une attitude d'exclusion de leur part, la sensation de ne pas savoir qui nous sommes et de ce fait de ne pas être en droit de posséder une opinion personnelle... tous ces facteurs, et bien d'autres, interviennent pour nous empêcher d'être à l'écoute de notre propre pensée, et nous faire croire que seuls les autres représentent la vérité. « Je suis un vrai caméléon, le dernier qui parle a toujours raison. Je ne sais même plus ce que je pense vraiment. »

Il faut nous donner le droit d'entendre notre « sentiment le plus intime » pour savoir ce qui est bon ou mauvais pour nous. Si nous suivons le chemin tout tracé par nos parents, nous nous interdisons toute création personnelle. Sans désir, sans élan et sans âme, nous poursuivons un semblant de vie et nous nous éloignons de plus en plus de ce qui constitue notre nature profonde. Nous risquons ainsi de nous enfermer dans une aliénation qui peut être mortelle : nos propres pensées, les désirs qui sont les nôtres sont immobilisés dans des modes d'expression qui se réduisent à des réactions de sauvegarde. Et ce terrorisme involontaire que les autres exercent sur notre pensée, finit par inhiber jusqu'aux mouvements de notre corps, qui impuissant à vivre ses élans, finit par capituler dans le refus de vivre.

Fritz Zorn, atteint d'un cancer, décrit dans son livre *Mars** comment il a été « éduqué à mort » : « S'il faut donc que je rappelle mon enfance, je dirai tout d'abord que j'ai grandi dans le meilleur des mondes possibles... Je crois que c'est justement cela qui était mauvais : que tout aille toujours trop bien. Si le monde de ma jeunesse prétend avoir été un pareil monde, uniquement heureux

---

* Gallimard, 1982.

et harmonieux, il faut qu'il ait été, dans ses fondements mêmes, faux et menteur. Et si la chose est vraiment bien menteuse, le malheur ne se fait pas attendre bien longtemps ; il arrive alors tout naturellement... Le fait qu'on disait oui à tout n'était pas ressenti comme une nécessité gênante, voire une contrainte ; c'est un besoin ancré dans la chair et le sang. En ce temps-là, je n'avais pas de jugement, pas de préférences personnelles et pas de goût individuel, au contraire, en toutes choses je suivais le seul avis salutaire, celui des autres, de ce comité de gens dont je reconnaissais le jugement, qui représentaient le public, qui savaient ce qui était juste et ce qui était faux. »

Et il écrit également avant de mourir : « Le corps détruit spontanément la vie humaine quand on ne tient pas à vivre... Le cancer est une maladie de l'âme et les tumeurs sont elles-mêmes des larmes rentrées. » Cette prise de conscience est exemplaire sur les dangers d'une hyper-adaptation familiale et sociale : la négation de notre désir, dans une existence où nos comportements et même nos pensées nous sont à notre insu imposés, ne peut avoir que des conséquences désastreuses sur notre santé.

Le docteur Simon Schraub, professeur de cancérologie, s'interroge sur le rôle du psychisme dans l'évolution des tumeurs malignes*. Il précise bien que la majorité des tumeurs malignes ont une cause organique ; mais au cours du processus biologique dont elles sont le résultat, peuvent intervenir des facteurs psychologiques. Il constate qu'un état particulier du sujet précède l'éclosion du cancer ; il peut s'agir d'un choc psychologique (décès, perte d'emploi, déception...), lequel entraîne d'autant plus de conséquences qu'il survient, selon les études d'un psychia-

---

* *La Magie et la Raison*, Calmann-Lévy, 1987.

tre en R.F.A., le docteur Baltrush, sur des sujets résignés et qui ont du mal à nouer de bonnes relations avec leur entourage. Il s'agirait d'une modification des défenses immunitaires dues aux perturbations physiologiques provoquées elles-mêmes par des chocs affectifs répétés. Les défenses naturelles se trouvant amoindries, un terrain favorable, propice au déclenchement d'une maladie, s'installe.

Le docteur Schraub cite également les expériences du psychologue américain Le Shan qui dans les nombreux témoignages qu'il a pu recueillir auprès de patients atteints d'un cancer, a retrouvé chez eux une même absence d'espoir, le même sentiment d'impuissance ; ces personnes refoulaient constamment leurs émotions. Souvent ils avaient investi dans une relation unique et essentielle ; en perdant l'amour de l'être cher, en voyant partir un enfant ou en perdant leur situation, ils ont tout perdu. La vie, soudain n'a plus de sens.

Le Shan donne des exemples concernant le rôle du psychisme sur l'évolution de la maladie. John qui rêvait de devenir musicien n'avait jamais osé s'affirmer ni réaliser son rêve pour ne pas déplaire à sa famille. Un jour, on décèle qu'il est atteint d'une tumeur au cerveau inopérable. Les médecins l'avertissent qu'il n'a que quelques mois à vivre. D'une manière paradoxale, l'imminence de sa mort semble provoquer en lui un sursaut d'énergie. Il entreprend une psychothérapie avec Le Shan, dont il sait qu'il a élaboré une méthode pour traiter les cancéreux au stade terminal, et il se remet à étudier sérieusement la musique. Plusieurs années après, il se porte très bien et fait ce qu'il a toujours rêvé de faire : il travaille comme musicien professionnel dans un orchestre symphonique. Une autre patiente qui avait déjà subi l'ablation du sein et de l'utérus, et dont le cancer semblait en phase terminale, devant les déclarations des médecins estimant qu'il ne lui restait que quelques mois à vivre, osa enfin s'opposer à sa famille, quitta son mari et réalisa ses propres désirs. Plusieurs années plus tard, elle était encore en vie. Elle avait repris et achevé des études, trouvé un travail qui lui permettait de vivre de façon indépendante et n'avait jamais été aussi épanouie. Un autre patient enfin vit l'évolution de son mal ralentir en découvrant, grâce à la psychothérapie, de grandes satisfactions dans son travail. Ainsi que le dit Le Shan : « Comme il aime la vie qu'il mène, il a trouvé en lui la force de lutter pour la conserver*. »

Ces exemples montrent qu'en dehors des drames inévitables et dont il est regrettable qu'ils aient de surcroît des répercussions sur la santé, certaines conditions de notre vie susceptibles de nous rendre malades doivent être sinon transformées au moins modifiées ; ainsi dans la mesure où il y a choix, et la liberté de choix est souvent plus importante qu'il n'y paraît au premier abord, nous devons agir dans le sens de ce dont nous avons besoin, faire autant que possible ce que nous avons envie de faire, et privilégier dans notre entourage les relations, contacts, et communications qui nous sont le plus bénéfiques.

La notion de plaisir

« Signe extérieur de plaisir : néant. Sur le chapitre plaisir, je rends copie blanche. » Même si nous sommes

---

* *Vous pouvez lutter pour votre vie*, collection « Réponses/Santé », Robert Laffont, 1982.

convaincus du bien-fondé de ce que pourraient être des décisions qui iraient dans le sens de notre plaisir, nous pensons qu'elles sont le plus souvent difficiles à mettre en pratique. Et nous nous confortons dans cette impossibilité au plaisir en nous souvenant de ce que l'on nous a souvent répété dans notre enfance : « Il ne faudrait quand même pas croire qu'on est là pour rigoler ! »

Rares sont les éducations qui encouragent le droit au plaisir ; au contraire, elles valorisent la notion de devoir et toutes les interdictions qui l'accompagnent. « Il faut... il ne faut pas. Tu dois... tu ne dois pas... » A juste titre, il faut le dire, dans la mesure où ces limites, preuves de la présence des parents et indispensables à l'apprentissage de la vie sociale, sont totalement nécessaires. Mais le ton utilisé est parfois trop brutal, la réaction démesurée face à l'incident qui la provoque ; et cette attitude sévère ou cette voix cassante peuvent éveiller chez l'enfant un sentiment d'injustice. Il sent confusément, par ce qu'elles comportent d'exagération, que ces réactions sont davantage dictées par l'humeur du moment que par une logique éducative, et il subit douloureusement ces brimades successives. « Arrête de bouger !... Tiens-toi tranquille !... Tais-toi !... Tu fais trop de bruit !... » « Ma mère semblait ne jamais éprouver aucun plaisir ; la vie était un devoir, et seuls nos devoirs l'intéressaient ; maintenant, moi aussi, j'ai du mal à me faire plaisir ; et même à savoir ce que je veux. »

La présence très précoce d'une sexualité est une notion difficilement acceptable par les parents ; elle peut s'exprimer à travers un excès de mouvements et de cris, une excitation que dans son naturel l'enfant exhibe parfois avec indécence. La censure que les parents exercent alors sous des prétextes divers, et qui répond parfois à la difficulté

qu'ils ont à vivre leur propre sexualité, va avoir des conséquences sur le comportement de l'enfant. Il va intégrer
dans son fonctionnement psychique cette interdiction à
laisser exprimer son désir, à laisser passer une excitation
dont il découvre alors, sans en comprendre les raisons, le
caractère interdit, dangereux, immoral. Et comme il supporte mal ce veto soudain mis à ce qu'il considère
jusqu'alors comme naturel et « normal », il va d'instinct
réprimer tous les comportements susceptibles de provoquer des réactions brutales de la part de ses parents ; il va
prendre l'habitude de retenir ses élans et ses mouvements
naturels, au point de perdre même un jour la notion de
ce qu'ils peuvent être.

La retenue va porter sur les mouvements extérieurs,
ceux qui concernent le monde relationnel, puis par extension sur les mouvements intérieurs de la pensée et des sentiments, lesquels seront associés d'emblée à une notion
d'interdit. Comme il lui faut cependant trouver sa jouissance, il va découvrir peu à peu le plaisir obtenu dans la
transgression, et ensuite être éventuellement incapable de
trouver son plaisir hors de cette transgression. Et compre-
nant qu'il lui est impossible dans certains domaines
d'obtenir l'approbation de ses parents, il prendra l'habitude de dire « oui » à ce qui lui est demandé ou de taire
ses pensées afin de ne pas provoquer de conflit, tout en
gardant secret un monde de désirs interdits et de rêves
illicites.

Il peut en résulter pour nous, devenus adultes, que se
donner du plaisir ne peut être qu'immoral, surtout s'il y
a préméditation et conscience parfaite de ses actes. Éprouver du plaisir reste une notion totalement admise, mais
« se faire plaisir » prend un sens plus équivoque : « mener
une vie de plaisir » signifie mener une vie de débauche.

Ainsi, le plaisir subi, le plaisir volé, le plaisir vécu dans la culpabilité permanente d'avoir trop bu, trop mangé, trop fumé... ou pas assez travaillé, pas assez fait de sport, pas fait son régime... ces plaisirs-là sont tolérés. Nous n'en sommes pas totalement responsables, nous ne sommes pas en pleine possession de nos moyens : l'alcool, la cigarette, une atmosphère de fête, l'encouragement d'un groupe d'amis ou de la foule sont là pour justifier ces excès inavouables... et les désagréments physiques de ces lendemains de fêtes nous donnent assez de remords pour nous punir de ces instants d'abandon. La morale est sauve, notre plaisir est suivi d'un sentiment de malaise, notre corps a payé le droit de goûter aux fruits défendus. Et de fait, les excès réels que nous avons crus nécessaires pour qu'il puisse s'exprimer à sa guise, rendent bien évidemment coupables les plaisirs que nous avons pu lui offrir.

Ces excès sont-ils vraiment nécessaires ? Ne nous serait-il pas possible de ressentir du plaisir en pleine lucidité d'esprit ? Pourquoi ne pas accepter l'idée que, loin de nous être préjudiciable, cette attitude est nécessaire à la sauvegarde de notre santé ? Tout acte ou toute décision ayant pour but de respecter les désirs et les besoins du corps sont beaucoup plus bénéfiques pour lui que certaines réactions excessives qui peuvent, au contraire, nuire à son équilibre.

Une euphorie passagère, pour être provoquée par des facteurs extérieurs, est en quelque sorte « subie » par nous. Elle ne répond pas à la volonté consciente et délibérée d'aller dans le sens de notre plaisir ; involontaire, elle n'est pas le résultat d'une expérience et d'une connaissance de nous-mêmes. Elle a l'apparence momentanée du bien-être, mais elle n'en a ni la profondeur, ni le calme.

Dans *La Maladie, l'Art et le Symbole**, Groddeck

---

* Collection « Connaissance de l'inconscient », Gallimard, 1969.

insiste sur le rôle primordial de l'« intérêt de soi-même » dans la prévention des maladies : « Comme médecin, je dois dire qu'il est effarant de constater combien peu les gens s'occupent d'eux-mêmes ; et je ne fais exception des prétendus égoïstes et égocentriques : ceux-là, précisément, s'occupent le moins d'eux-mêmes. Leur vie a coutume d'être une fuite incessante ; on a peut-être raison de supposer qu'ils servent leur moi, mais en vérité, le soin du moi résulte de la crainte qu'ils ont de leur "soi", de leur âme intime. Pour le médecin, il serait à souhaiter que les hommes eussent plus d'intérêt pour eux-mêmes, pour la manifestation de leur ça, pour la prière muette et pressante de leur âme intime, qui s'épuise à être entendue, qui lutte de mille manières, dans l'action, le rêve, et le symptôme pathologique pour être pris en considération. »

Comment pourrait-on, sans honte et sans scrupules, montrer ostensiblement de l'intérêt pour soi-même ? « Cela ne se fait pas de penser à soi, c'est égoïste, c'est mal. » « Mon père me disait quand j'étais petit, il n'y a pas de droit, il n'y a que des devoirs... et quand je disais, "je" pense ou "je" voudrais, il me répondait : "le roi a dit : 'nous' voulons..." »

L'idée de se faire plaisir signifie d'emblée pour beaucoup prendre ce plaisir au détriment d'autrui ; comme s'ils ne tenaient compte ordinairement dans leurs actions que du bien-être des autres ! Est-ce bien sûr ? Le plus souvent, les comportements qui préjugent de ce que l'autre est censé désirer, et qui déclarent être faits « pour » l'autre, ne vont pas dans le sens de ce que cet autre désire réellement. D'autant que celui qui subit, pourrait-on dire, ce privilège n'a pas toujours décidé d'être l'objet d'une générosité qui a coûté tant de sacrifices : il ne souhaite pas avoir à subir tôt ou tard l'agacement ou l'énervement provoqués par ces efforts démesurés.

Est-ce vraiment un cadeau à faire à ceux que l'on aime que de se sacrifier pour eux ? N'est-ce pas plutôt un moyen détourné d'éveiller leur amour, ou de les rendre peu à peu dépendants de nous ? Sous prétexte d'agir pour leur bien, ne les chargeons-nous pas d'une culpabilité trop souvent lourde à porter ? N'y a-t-il pas le risque de provoquer chez eux un malaise permanent en leur donnant la sensation que la dette est sans fin, et notre attente illimitée ?

A quoi sert de se rendre à une invitation, de faire cadeau de son temps et de son énergie, si dans le déplaisir même minime que l'on peut ressentir, et par là même transmettre, on met l'autre dans la situation embarrassante de nous devoir de la reconnaissance ? Étant bien entendu exclues les situations de réel devoir, où pour des raisons dramatiques il faut être présents dans des situations qui sont loin d'être agréables, hors de ces obligations qui ne peuvent être mises en cause, le fait de faire quelque chose « pour » ceux que l'on aime ne devrait jamais exclure la notion de notre propre plaisir. Non seulement pour nous, mais justement pour eux. Faire plaisir dans la douleur et la résignation met infailliblement dans la situation d'attendre en retour une compensation nécessaire, et ce d'autant plus que notre propre plaisir est absent. Dans le bonheur de donner quand nous le désirons, notre liberté d'action laisse aussi l'autre beaucoup plus libre d'agir ; et notre attitude se trouve être ainsi réellement généreuse.

Il est parfois plus facile de prendre prétexte du conjoint, d'un membre de la famille ou d'un associé sur le plan professionnel pour justifier une impossibilité plus profonde à être heureux : il est plus supportable de croire aux limites imposées par les autres que de se retrouver face à ses propres limites. « Si on m'avait aidé... » : dans ce cas, il nous est encore possible de penser que si les circonstances avaient été autres, si notre entourage s'était comporté différemment... nous aurions pu accéder à la réalisation de nos désirs. Et nous acceptons ces contraintes, que nous avons même parfois provoquées, pour masquer des inhibitions que nous savons stupides mais qu'à défaut de transformer, nous préférons annuler ou rendre invisibles sous l'avalanche des pressions quotidiennes. Plutôt que de voir se déclencher des réactions d'angoisse face à ce que nous ne pouvons vivre tel que l'engagement ou le changement, face à ce qui pourrait certes nous apporter du plaisir, mais avant tout nous compliquer la vie, nous préférons le confort relatif d'une immobilité due à des obstacles extérieurs.

Il existe des impossibilités très profondes à se faire plaisir, à écouter son désir afin de pouvoir le satisfaire. Celui-ci renvoie au souvenir oublié d'un désir interdit, désir incestueux, désir d'agressivité dont la violence est inavouable, désir fusionnel qui s'apparente à une image de mort... ou encore désir impossible compte tenu du malheur qui accable ceux que l'on aime, et dont on se sent responsable. « Comment pourrais-je m'offrir du plaisir quand je me sens si coupable de voir ma mère toujours malheureuse, d'autant que je suis responsable de son malheur ! »

Se faire plaisir, c'est aussi renoncer à toute possibilité de revendication vis-à-vis de ceux qui nous ont rendus si malheureux. Etre heureux, ce serait finalement leur donner raison : ils n'ont pas été les monstres que nous supposons qu'ils ont été si nous ne sommes pas marqués à vie par leurs atrocités. Seule notre douleur de vivre est preuve de toutes les injustices dont nous avons été l'objet,

de toutes les cruautés qu'ils nous ont fait subir » « ils »,
désignant tous ceux qui dans l'enfance n'ont pas su nous
aimer, et à qui, même s'ils ne sont plus là pour le constater, nous voulons prouver qu'ils n'ont pas su nous rendre heureux. Nous éprouvons vis-à-vis d'eux à la fois
amour et agressivité : un amour qui justifie l'attente douloureuse de ces manifestations de tendresse, et une agressivité qui devient la seule réponse face à cette attente
déçue.

Le désir de se faire plaisir peut de fait présenter le même
caractère ambivalent que les sentiments : « Je pars quand
j'ai envie de rester, et je reste quand je devrais partir. Je
mange quand je n'ai pas faim et je me prive quand j'ai
faim. Je ne vais jamais dans le sens de mon plaisir ! Et pire
je vais dans le sens inverse de mon bien-être. J'ai l'impression que l'autre attend de moi ce que je ne suis pas ; alors
je fais le contraire de ce qu'il est censé attendre de moi ! »

Certains ont pu avoir la sensation, enfants, de n'avoir
jamais été valorisés, ou pour le moins récompensés des
efforts qu'ils étaient susceptibles de faire pour plaire : ce
n'était jamais assez bien, soit par rapport à un absolu de
perfection, soit parce que d'autres, frères ou sœurs par
exemple, faisaient « toujours » mieux qu'eux ; il leur est
alors devenu difficile de se reconnaître suffisamment de
valeur pour s'offrir aussi bien des moments agréables que
des relations valorisantes et positives.

Ces plaisirs, tels qu'une attention agréable, un compli-
ment, un geste tendre, pour avoir été trop attendus, peuvent même provoquer une réaction de fuite : ils réveillent
la sensation de manque et la haine refoulée contre ceux
qui n'ont pas su, dans le passé, leur apporter ces manifestations d'amour. Ne les attendant plus, il ne leur vient

même plus à l'esprit de les solliciter, et il leur est même parfois difficile de les accepter. « Quand un geste me touche, un geste de reconnaissance ou de tendresse, au lieu de m'en réjouir, j'ai envie de pleurer. C'est "trop", trop à la fois, ou j'ai trop attendu ; ça déborde, j'ai envie d'éclater en sanglots. »

N'ayant pas été gâtés, ils ne trouvent pas normal de l'être un jour soit par les autres, soit par eux-mêmes... Ils n'ont pas acquis la liberté intérieure, la permission de faire quelque chose de bon pour eux. « Quand je m'achète quelque chose qui a du prix, je me sens toujours coupable. » « Je me suis aperçu que pour me faire plaisir, il me fallait prendre prétexte de le faire pour quelqu'un d'autre. Je ne me considère pas assez important pour justifier un acte uniquement pour moi ; je ne m'aime pas assez pour me faire plaisir. » « Si je me fais plaisir, si c'est enfin comme dans mes rêves, au lieu de m'en réjouir, j'ai envie de fuir. Comme si je ne me sentais pas le droit à ce bonheur, comme si le rêve devait rester un rêve, et qu'accepter de le vivre dans la réalité, c'était devenir adulte. »

Si nous ne nous donnons pas la permission d'être heureux, nous nous laissons facilement envahir par le désir des autres, ne pensant pas à protéger notre espace et notre temps de leurs intrusions incessantes. Nous ne sommes pas capables de dire « non » aux demandes qui nous sont faites, et que nous considérons toutes comme des obligations. Toutes sans discrimination, sans préjuger de ce qu'il est bon ou non de faire : nous n'agissons qu'en fonction de ce que nous pensons être la réaction de celui qui nous fait face, nous identifiant à lui, et décidant de ne pas lui faire subir ce que nous, nous ne supporterions pas que l'on nous fasse. « Quand mon ami oppose un refus à ma demande de passer une soirée avec lui, j'ai l'impression d'être complètement abandonnée. Moi, je ne dis jamais non, je m'identifie à l'autre, j'imagine le mal que je pourrais lui faire. »

En excluant tout conflit, par un « oui, bien sûr » alors que nous pensons le contraire, ou un « tout va bien, il n'y a pas de problème », qui adapté à toutes circonstances perd obligatoirement de sa valeur, nous adoptons une attitude suffisamment douce pour masquer notre agressivité, espérant ainsi nous mettre à l'abri de toute attaque de la part d'autrui. « Je ne dis jamais ni oui ni non... Je fais de telle sorte que les autres décident pour moi ; je ne veux jamais être celui qui arrête le premier une conversation, ou qui part le premier. Je ne supporte pas l'idée d'être responsable du malheur de quelqu'un d'autre ; mais ce que je fais soi-disant pour les autres, je m'aperçois que je ne le fais que pour moi, et j'entraîne un malaise bien plus grand que si j'agissais naturellement. »

Nos actes viennent malheureusement contredire une satisfaction qui n'est qu'artifice et provoquer dans notre entourage un malaise proportionnel au caractère mensonger de cette attitude. Nous ne pouvons refouler totalement nos pulsions agressives ; au mieux nous pouvons leur faire prendre un chemin détourné. « Je sais bien que j'ai beau me retenir ; il y a toujours un moment où ça sort. »

Notre besoin de mettre un frein permanent à notre agressivité est d'autant plus fort que nous en connaissons la violence ; et que cette violence nous nous la sommes toujours interdite. Comment pourrions-nous accepter de laisser s'échapper des mots ou des comportements dont nous soupçonnons le mal qu'ils peuvent faire sur notre entourage ? Et comment ne pas nous sentir dans ce cas d'autant plus coupables qu'ils s'adressent en premier lieu à ceux que nous aimons ?

Il est des circonstances où l'agressivité ne peut être que refoulée, voire niée : comment raisonnablement avoir le droit d'en vouloir à des parents frappés par la maladie, ou dont la souffrance ne peut qu'imposer le silence ? Comment oser dire ou même reconnaître un sentiment d'abandon ou de trahison lorsque des parents ont disparu prématurément dans des circonstances dramatiques ? Comment enfin, même si l'on a souffert d'un amour étouffant et d'une impossibilité à exprimer ses propres désirs, exiger un comportement différent chez des parents apparemment irréprochables ? Face à des parents qui « ont fait tant de sacrifices », comment ne pas avoir la sensation d'être toujours en dette vis-à-vis d'eux ?

Dans ces conditions-là, il est difficile de se reconnaître le droit de revendiquer ce qui est bon pour soi ; et par conséquent de le communiquer et même de l'imposer aux autres. Même si nous réussissons parfois, par un biais compliqué, à signifier à l'autre ce que nous désirons, nous ne sommes pas certains, pour ne pas l'avoir dit clairement, qu'il ait perçu le contenu exact de ce message ; et lui-même ne peut ainsi avoir aucune certitude sur ce que nous désirons réellement.

Il faut être à l'écoute de notre propre désir pour que les autres puissent à leur tour l'entendre. Nous nous donnons ainsi les moyens de le satisfaire ; et nous évitons à l'autre le déplaisir de nous laisser insatisfaits. « Je m'en veux quand je suis incapable d'imposer ce que je veux ; et je m'en veux d'autant plus que cela ne sert à rien. J'accède au désir de l'autre, mais je le fais de telle mauvaise grâce que je me sens mal, et alors je le fais payer très cher à l'autre. »

Trouver son propre chemin pour l'imposer aux autres est souvent considéré comme une attitude égoïste : une attitude qui semble faire abstraction des autres pour ne se préoccuper que de son propre bien-être. Or, si nous savons dire « non », nous nous réservons la possibilité d'un « oui » qui engage toute notre présence, notre disponibilité et notre choix pour l'autre : un « oui » volontaire, responsable et adulte, une affirmation du plaisir à partager notre temps avec lui, et notre conviction quant à la qualité de cette communication.

Si au contraire nous agissons dans le sens de ce que nous croyons être attendu par l'autre, nous naviguons dans le brouillard : nous ne pouvons qu'imaginer les sentiments de notre partenaire, et nous ne nous donnons pas les moyens de découvrir les nôtres. Nous ignorons nous-mêmes quels sont nos critères de choix et nous nous laissons ainsi choisir plus que nous ne choisissons. « Il suffit que l'autre me promette un amour éternel pour que je l'aime de façon inconditionnelle ; mon amour pour l'autre dépend de nombreux autres facteurs que de lui-même. Je ne sais jamais vraiment ce que j'éprouve, mes sentiments dépendent de mon humeur, des événements de ma journée, mais pas de l'autre. »

Celui à qui nous nous adressons est un autre fictif : il n'est qu'un prétexte à donner un amour débordant, à exprimer des gestes de tendresse que nous plaquons sur lui car il est là, sur le moment, disponible pour les recevoir. « Je ne supporte pas d'être seul : l'autre n'est là que pour combler un vide. » Notre intérêt ne se porte pas par conséquent sur ce qu'il est susceptible de vouloir recevoir ; nous ne le voyons pas en tant que ce qu'il est, mais en tant que ce qu'il est censé être.

L'autre n'est qu'un complément inventé pour satisfaire

notre désir : seule importe sa réponse aux demandes que nous exprimons. Nous attendons de lui qu'il soit « gentil », qu'il donne sans cesse l'assurance de son approbation, et bien entendu, de son amour. S'il se révèle être un bon miroir, un soutien protecteur et un pansement efficace à nos douleurs, il tient parfaitement son rôle.

Pour entrevoir l'être humain qui se profile derrière le rôle que nous lui avons attribué, il faut apprendre à développer à l'égard de l'autre une disponibilité et une réelle attention. Mais pour être capables de penser l'autre, il faut être libérés d'un excès de préoccupations nous concernant, préoccupations qui ne laissent aucune place à une réflexion sur l'autre ; nous sommes trop inquiets de notre image et enfermés dans nos doutes pour être à l'écoute de ce qu'il ressent.

Or l'autre est un choix et non la satisfaction d'un besoin qui le dépasse : le choix de celui que nous avons envie d'écouter, de voir et de toujours mieux connaître, de celui pour qui notre intérêt est tel que nous sommes heureux de lui consacrer du temps, de lui donner notre tendresse et notre amitié, celui dont nous allons rechercher quels sont les véritables désirs afin de les respecter, et dont la présence nous apporte un tel plaisir que nous pouvons à notre tour le communiquer et le partager avec lui.

Imposer ce choix ne doit entraîner aucun sentiment de culpabilité : il est le seul chemin pour aller vers l'autre tel qu'il est, et non tel que nous voudrions qu'il soit. Nietzsche dit : « L'un va chez son prochain parce qu'il se cherche. L'autre parce qu'il voudrait s'oublier. Votre mauvais amour de vous-même fait de votre solitude, une prison. »

Se libérer du regard de l'autre sur soi

« Tu en es encore à souhaiter ce que souhaitèrent pour toi ta nourrice, ton précepteur ou ta mère ? Tu ne te rends pas compte de tout le mal qu'ils t'ont souhaité ? Ah ! comme les vœux de nos proches nous sont contraires ! Je ne m'étonne plus maintenant de toutes les misères que nous traînons derrière nous depuis que nous sommes petits : nous avons grandi dans la malédiction des vœux de nos parents ! » (Sénèque, *Lettres à Lucilius*.)

« Un jour, j'ai décidé de savoir me faire plaisir, de ne plus faire partie de ceux dont je dis qu'ils ont une inaptitude au bonheur. » Une fois acquise la notion de plaisir, tous les comportements vont instinctivement s'écarter de ce qui peut nuire et tendre vers la création d'un bien-être. Mais encore faut-il savoir comment le rechercher. Il ne se laisse pas enfermer dans une définition précise ; il est différent non seulement pour chacun, mais également pour chaque moment de la vie.

Pour écouter son désir, et par là même trouver une sensation de bien-être, il faut, ce qui représente un véritable déconditionnement, se libérer du regard des autres sur soi. L'attitude « caméléon », l'hyperadaptation au désir de l'autre finit par aboutir à un décalage permanent entre ce que l'on désire vivre et ce que l'on vit. « J'ai peur, si je refuse d'obéir aux désirs de l'autre ou si je dis des phrases qu'il n'a pas envie d'entendre, de perdre son amour ; je vis dans l'obsession d'être rejetée. »

Si nous nous imposons certains actes par peur du jugement d'autrui, et surtout par la peur de ne pas être toujours « aimables », nous empruntons des rôles successifs qui nous font perdre de vue qui nous sommes. « J'ai l'impression d'avoir tant de rôles à remplir à la fois que je ne sais plus ni qui je suis ni ce que je désire. Je manque totalement d'amour de moi, d'amour-propre, dans le sens où l'autre est roi avec ses désirs et ce qu'il impose. J'ai l'impression de ne plus exister que dans l'image de ce que les autres attendent de moi. » Nous ne savons plus ensuite si nous sommes appréciés pour ce que nous sommes ou pour ce que nous prétendons être et, bien loin d'être rassurés par ce type de comportement, notre incertitude quant à l'amour que nous sommes susceptibles ou non de susciter chez les autres, ne fait finalement que croître.

Depuis notre enfance, nous sommes à la recherche d'une reconnaissance qui puisse enfin nous permettre de nous accepter tels que nous sommes. Ce que nos parents attendent de nous constitue par conséquent un support référentiel : pour ou contre, nous nous définissons par rapport à leur attente. Et ensuite, par rapport à ce que nous imaginons être celle des autres. « Tout ce que je fais, je le fais pour plaire... ou pour déplaire ; je suis sans cesse dans la séduction ou la provocation. Je finis par me demander : où suis-je, moi ? Où est ma liberté là-dedans ? »

Face à un père ou une mère qui font preuve de courage, de générosité et même d'abnégation, on est déjà coupable à l'idée de la moindre déviation par rapport à cette norme de bonne conduite. On fait alors de telle sorte de s'y soumettre ou, considérant ces règles impossibles à tenir, on « rue dans les brancards », certains de toutes les façons qu'il est impossible d'être à la hauteur. Si le couple qu'ils forment apparaît exemplaire, on a toujours la tentation de comparer celui que l'on peut former au leur, constatant avec douleur qu'il ne correspond pas à l'idée que l'on s'en était faite, convaincu par conséquent de n'avoir pas rencontré le compagnon idéal. S'ils ont particulièrement « réussi » dans le domaine qui est le leur, on se sent particulièrement « nul » de ne pas répondre à leur attente ; et ce que l'on exige de soi donne lieu à des efforts démesurés, ou par découragement à un comportement d'échec.

Certaines éducations semblent ne pas donner droit à l'erreur : des parents ont fait croire, ou des enfants ont voulu croire, qu'ils ne s'étaient jamais trompés, et à force de « il n'y a qu'à... » ou « tu aurais dû... », ils ont, là où ils voulaient apporter des encouragements, éveillé des complexes et des comportements d'inhibition. « Je réalise que j'ai toujours considéré mes parents comme étant parfaits. Ils m'ont convaincu, parce qu'ils l'étaient eux-mêmes et en toute bonne foi, d'avoir toujours agi dans le sens de ce qui était bien. J'ai ainsi vécu toute déviation par rapport à ce chemin de perfection comme une faille dans l'image idéale de moi-même, une trahison par rapport à l'amour qu'ils me portaient, une infidélité à leurs attentes. »

« Le désir que mes parents possèdent pour moi est devenu tellement mien, que, face à chaque femme que je rencontre, je me demande, non pas si elle me plaît, mais si elle pourrait leur plaire ! Et incapable comme eux, ou comme je présumais qu'ils l'étaient, d'accepter l'imperfection, je répète à mon tour : Je t'aime, mais... » Justement parce que les parents représentent un idéal de perfection, il est impensable de ne pas correspondre à cet idéal de perfection. Mais l'exigence exprimée est parfois telle, et les interdits si sévères, que toute faille narcissique est intolérable : tout ce qui la réveille provoque une douleur insupportable. La course à l'image idéale, devenue permanente, finit par être épuisante. « Je veux toujours montrer de moi une image parfaite, aussi bien physiquement, je déteste que l'on me voie quand je ne suis pas maquillée, que moralement, je cache mes émotions derrière une façade que je veux irréprochable. Cela me demande de tels efforts d'adaptation que j'ai la sensation de m'oublier ; et après j'ai un besoin impératif de me retrouver. Je devrais pouvoir faire coexister mon désir et celui des autres, afin de ne pas avoir besoin de leur absence pour me récupérer. Et en réalité non pas désirer qu'ils me laissent tranquille, mais me laisser tranquille moi-même. »

Si nos parents ont une image a priori trop précise de ce que nous « devons » être, ils vont chercher à nous imposer leurs désirs sans tenir compte de notre personnalité. Et leur passion pour un domaine particulier ne rencontre pas toujours une vocation similaire de notre part. Au contraire, ce désir semble prendre trop de place et inhibe un élan qui sous la pression trop forte qu'ils exercent perd de son naturel et de sa spontanéité. Il se peut, par exemple, qu'ayant été traînés peut-être trop tôt ou trop longtemps dans des salles de musées, nous ayons en réaction fait un rejet de la peinture ; ou que des leçons de musique nous aient été imposées de telle sorte que nous n'ayons jamais pu savoir si nous en éprouvions nousmême le désir.

Ce n'est que, par la suite, devenus adultes et libres de nos choix, que nous sommes capables de profiter de l'enseignement que nous avons reçu ; nous pouvons le vivre comme un enrichissement et apprécier le privilège d'avoir appris à mieux goûter, par cette connaissance plus approfondie, certains plaisirs comme ceux de la peinture et de la musique. Enfants, il nous fallait exister individuellement, nous définir autrement que dans la continuité du désir de nos parents, découvrir quels étaient nos propres élans, et vivre nos expériences, quelles que soient les erreurs qu'elles pouvaient entraîner. « Pour mon père, une seule chose comptait : les examens. Résultat, j'ai raté mon bac. J'avais besoin d'exister autrement que par l'intermédiaire de mes études. Obéir complètement au désir de l'autre pour soi, c'est comme la mort. »

Mais comment des parents ne souhaiteraient-ils pas pour leur enfant ce qu'ils considèrent essentiel pour eux-mêmes ? Comment ne voudraient-ils pas le protéger des erreurs qu'ils ont faites dans leur propre passé ou de celles qu'ils jugent susceptibles d'être faites dans le futur ? Ils souffrent à l'avance de douleurs qu'ils se sentent incapables de revivre à travers lui et de celles qu'ils redoutent pour lui. Hyperprotection qui préjuge d'une fragilité qui n'est pas celle de leur enfant mais bien souvent la leur, et qui, chargée d'une anxiété qui consiste à toujours prévoir des scénarios dramatiques, communique cette anxiété au lieu de l'en préserver. « Mon père, c'est à peine s'il ne ne fait pas son testament dès qu'il a le moindre bobo, et je me suis aperçu, j'ai mis longtemps à m'en apercevoir, que j'avais hérité de son anxiété à propos de tout et de rien. »

Les peurs qui concernent l'enfant ne sont pas toujours clairement exprimées ; mais mieux elles le sont, plus il lui sera facile, ne serait-ce qu'en s'y opposant, de les affronter. Dans le non-dit, elles prennent la forme d'une menace invisible et transmettent une inquiétude qu'il ressent intuitivement. Elles peuvent alors constituer un frein permanent à ses activités, un obstacle d'autant plus difficile à dépasser qu'il est à la fois abstrait et omniprésent.

De même en ce qui concerne les attentes dont il est l'objet, il lui est préférable de les connaître, quitte à les refuser ; il peut ainsi, s'il veut donner satisfaction à ses parents, se donner les moyens de le faire. « Ils voulaient mon bonheur, et ils semblaient savoir comment je devais être heureux ; ce qui était, bien entendu, très différent de ma propre conception du bonheur. Seulement au lieu de dire leur propre conception des choses, ils ne faisaient part que de leur insatisfaction. Et cette insatisfaction ils ne l'exprimaient jamais directement, ils me faisaient des reproches déguisés : "C'est très bien, mais..." Avec, sous-entendu à la suite de ce "mais" : "Tu serais vraiment digne de mon amour, si tu étais autrement, si tu étais un autre..." »

Comment pourrait-on se définir par rapport à un rien, ou plutôt à un « tout va bien » dont on sait qu'il sonne faux ? Comment prétendre satisfaire un désir dont on ne comprend rien ? Comment créer sa propre vie sur des bases inexistantes ? Comment se donner les moyens de réussir là où rien n'a valeur de réussite, et où par conséquent, tout mène à une forme d'échec puisque ne provoquant jamais un sentiment de totale approbation ?

Quand les parents n'ont pas acquis pour eux-mêmes des critères de valeur suffisamment définis, comment pourraient-ils les transmettre à leur tour ? Et s'ils ont des comportements de peur et d'inhibition face à l'action, comment au contraire pourraient-ils ne pas les communiquer ? Leurs attentes peuvent alors être à l'opposé de ce qu'ils montrent eux-mêmes comme exemple : « Je trouve incroyable que ma mère me dise sans arrêt d'aller de l'avant alors qu'elle a toujours été incapable d'oser quoi que ce soit ! »

Parfois, le désir est inauthentique comme sont inauthentiques les désirs des parents pour eux-mêmes, fluctuants et inconsistants, capricieux et sans fondement. D'autres fois, l'éducation est tellement imprégnée d'une bonne conscience bourgeoise, appliquée à suivre aussi bien que possible ce que lui dicte la société, que le désir pour l'enfant reste un désir vide de sentiment, et dénué finalement de réalité. D'autres fois encore, il se peut dans une famille nombreuse que le désir soit tellement dispersé entre les enfants qu'il semble ne pas réellement exister pour chacun d'entre eux : il est flou et non personnalisé.

Il nous faut du temps, des efforts d'analyse et des encouragements extérieurs pour pouvoir dépasser l'emprise qu'exercent sur nous nos parents. Et parfois détecter, pour nous en soustraire, l'attente paradoxale qu'ils ont de nous ; tout en espérant que nous sommes capables de réussir là où ils ont échoué, ils ne supportent pas toujours de ne pas voir en nous la prolongation de ce qu'ils sont, de ne pas se reconnaître à travers nous. Il nous faut par conséquent nous libérer de leurs propres désirs pour découvrir le nôtre, et n'agir désormais, pour réussir ce que nous voulons entreprendre, qu'en fonction de celui-ci.

5.

L'IMAGE ET LA SENSATION

Le monde de l'image

La famille, la société ensuite apportent des désirs préfabriqués, des plaisirs-modes d'emploi, et nous avons l'illusion à condition de nous y conformer d'y trouver là avec certitude ce qui fera notre bonheur. Nous devons être vigilants pour ne pas nous laisser fasciner par des mirages dénués de toute réalité, pour ne pas nous laisser séduire par une apparence de bonheur : il faut nous méfier de ce qui est image de bien-être mais qui dans la réalité ne procure pas la sensation de bien-être.

Ces images toutes faites, miroirs trop faciles, banalisent notre existence et lui donnent une apparence de bonheur sans que nous nous sentions jamais heureux. « Tout était là pour que l'on s'y sente gai et joyeux ; c'était la fête. Une foule de gens étaient venus là pour s'amuser, il y avait des feux d'artifice, de la musique qui faisait rêver... et pourtant je me sentais de plus en plus triste. Et plus j'étais triste, plus le contraste était grand entre ce que je ressentais et ce que j'étais censée ressentir ! »

Par l'intermédiaire de l'éducation, mais également par le rôle de plus en plus important que jouent les médias et la publicité, les images imposées par la société envahissent jusqu'à nos pensées. Nous sommes assommés de clichés répétitifs et abrutissants et nous risquons très vite, si nous n'y prenons pas garde, de nous sentir annihilés par tous ces exemples de réussite « extérieure » : notre vie apparaît alors comme un symbole d'injustice face à tant de bonheur exhibé, devant ce mélange si harmonieux de joie, de beauté, d'élégance et de luxe. « Même la plus petite starlette qui semble belle, jeune et heureuse sur un magazine, me donne la sensation d'être nulle, moche, et de rater complètement ma vie. J'ai l'impression qu'elle a tout et que je n'ai rien. Je voudrais être ce qu'elle est, et j'oublie ce que je suis. »

Ces représentations offrent l'illusion passagère d'une identification possible : nous ne regardons plus l'image, nous sommes dans l'image. Nos pensées sont emportées dans ce qui s'apparente à un rêve éveillé. Et dans cet état d'envoûtement où notre corps semble appartenir à un autre que nous-mêmes, dans ce que l'on pourrait presque qualifier de perte d'identité, nous devenons absents de notre propre vie pour habiter celle d'un autre, un inconnu qui nous fait rêver. Nous perdons la conscience de nos propres limites ; le bonheur est soudain à portée de main.

Un bonheur tout défini, déjà créé et mis en scène pour nous, costumes et décors compris ; nous n'avons plus qu'à commencer les répétitions. Serons-nous capables de jouer ce rôle de l'homme ou de la femme dynamique et décontracté à la fois, marginal, mais juste ce qu'il faut pour rester tout à fait adapté à la société ? Et, bien entendu, jeune, beau, riche et prêt à vivre une merveilleuse histoire d'amour ! La réalité elle-même, la présence d'une voiture devant un beau paysage, une réunion amicale pleine d'animation et de rires, une promenade amoureuse dans des lieux féeriques... donnent la sensation de faire partie d'un film publicitaire.

Et même le bonheur est devenu objet de consommation : les journaux, les films, la publicité nous donnent la sensation de ne jamais être assez « heureux ». L'acquisition d'une voiture de rêve ou d'une machine à laver très perfectionnée ne peut nous satisfaire car la publicité qui en est faite éveille immédiatement d'autres désirs. Il devient indispensable de posséder également ce qui est suggéré avec la voiture ou la machine à laver : la sensation de vivre des moments exceptionnels dans leur qualité, leur intensité, leur exotisme, leur originalité... ou tout simplement dans leur bienheureuse tranquillité.

Ces images sont dangereuses : elles donnent à voir une richesse qui reste toujours extérieure à nous, un monde dont nous ne faisons partie que par images interposées, une fête qui par effet de comparaison nous fait jouer le rôle de la petite marchande d'allumettes. Or il faut au contraire mettre en valeur la richesse qui est en notre possession : il en est toujours une qui mérite d'être découverte, et valorisée. Si nous n'avons de cesse de découvrir des justifications à notre insatisfaction, notre quotidien vu sous ce jour ne peut que nous apparaître insupportable ; et il devient une somme de frustrations d'autant plus absurdes, qu'elles naissent, il ne faut pas l'oublier, d'images totalement fabriquées.

Les journaux distillent, à petites doses, des images de rêve, toujours génératrices d'une sensation de manque, et ce d'autant plus que nous n'en sommes pas toujours conscients. Ainsi, par exemple, cet article dans un magazine féminin : « Le travail acharné, la réussite à tout prix, c'est fini. La femme va prendre le temps de vivre. Hier encore, elle sautait d'un avion à une voiture de fonction, d'un supermarché à un séminaire, d'une réunion de parents d'élèves à un conseil d'administration... aujourd'hui qu'elle n'a plus rien à prouver, elle ne veut plus courir. Mais alors, rentrer à la maison ? Quitter son job ? Oh que non ! On ne renonce pas à une indépendance si chèrement acquise. Simplement lever le pied, changer de rythme, voir ses enfants grandir. »

De qui s'agit-il ? Combien sont-elles celles qui peuvent se reconnaître dans ce portrait, celles qui après s'être prouvé qu'elles étaient capables de réussir une brillante vie sociale, décident de consacrer désormais plus de temps à leur vie de famille ? Et de citer dans cet article l'exemple d'une femme qui refuse « la proposition du siècle » (avec justement voiture de fonction et Paris-New York hebdomadaire en Concorde), pour conserver une situation qui semble des plus honorables, tout en gardant du temps pour elle et pour sa famille. Autre exemple, celui d'une femme célibataire qui, lassée de « jongler avec des millions et de décrocher des contrats avec le monde entier », rêve d'« attendre un mari avec un déshabillé de soie et d'arrêter de travailler ». Et, tout aussi représentatifs de la population féminine, des vedettes du showbiz qui à l'intérieur de leur couple s'accordent à tour de rôle une année sabbatique, des membres de profession libérale et « free-lance » qui modèlent leurs horaires comme elles le désirent, ou encore des femmes qui, grâce au revenu de leur mari, arrêtent un temps (quelques années) de travailler pour justement « voir leurs enfants grandir ».

Pourquoi pas ? Mais ce choix sous-entend qu'elles ont déjà « tout » réussi, au moins en terme de réussite extérieure, celle qui est visible, celle de l'« avoir » : elles ont un métier passionnant, une maison superbe, un mari épatant, et des enfants magnifiques ! Et elles peuvent ainsi s'offrir le luxe aujourd'hui (quelles seront les règles dictées pour les années à venir ?) de n'avoir pas à souffrir des problèmes d'organisation dont, souvenons-nous, elles se plaignaient encore hier (« le ras-le bol des superwomen »).

Comment ne pas mettre toutes les femmes en condition d'échec ? Pour celles qui, par exemple, ont encore le désir de se prouver qu'elles peuvent être indépendantes, et qui souhaiteraient consacrer du temps à un plan de carrière, il semble qu'il soit maintenant trop tard ! Quant à celles qui n'ont ni mari ni enfant, la photo de famille manque à leur image de marque ! Et si, hors de ce cadre bien défini, certaines femmes osent revendiquer une existence de femme épanouie, qu'elles sachent au moins qu'elles sont totalement inadaptées à leur temps !

Où se trouve la liberté d'action ? De quoi culpabiliser toutes celles qui, à défaut de séminaires, ont des obligations moins valorisantes, et surtout, un patron autoritaire qui ne comprend pas leur besoin d'avoir le temps nécessaire pour qu'elles puissent s'occuper, comme elles le souhaiteraient, de leurs enfants. De quoi culpabiliser également celles qui, ayant eu des enfants très jeunes, n'ont pu faire la carrière qu'elles souhaitaient, ou celles qui, pour réussir dans la profession qu'elles s'étaient choisie, ont sacrifié, au moins pour un temps, leur vie affective.

Certaines lectrices réagissent avec lucidité devant ces articles qui, au lieu de les aider, leur donne de leur vie une image dévalorisante : « J'ai décidé de ne plus lire tous ces journaux féminins. Les nouvelles fringues, les nouvelles crèmes, les nouveaux produits miracles, les nouveaux gadgets, les nouvelles adresses à la mode... Tout ça, finalement, c'est bon pour nous donner des complexes ! Je me suis aperçue que j'étais complètement conditionnée par ces lectures. Et je finissais par me sentir mal car j'avais l'impression de ne jamais en faire assez ! »

Le corps est lui-même l'objet d'une idéalisation qui paradoxalement finit par le faire apparaître sous son jour le plus défavorable. A une époque qui valorise le corps, chacun se doit d'être sportif et d'avoir un corps jeune et musclé. Nous en avons des exemples en permanence sous nos yeux, dans les revues, sur les écrans et sur les murs. Que deviennent nos pauvres corps face à ces dieux et ces déesses de l'image ? Nous sommes obligés de traîner avec nous des kilos superflus, un ventre trop rond, une « culotte de cheval », une poitrine insuffisante ou envahissante... Chacun de se sentir trop petit ou trop grand, trop maigre ou trop gros... Un « trop » qui est un poids bien lourd à porter !

« Le corps dont vous rêvez ! Quand l'été revient, une question se pose, toujours la même : comment affronter sereinement les regards sur la plage ? Pas de panique ! A l'institut X, on vous attend. On connaît votre problème et on sait comment le résoudre. Là, vous retrouverez un corps mince, lisse et remodelé. Et un moral au beau fixe ! » (publicité pour un institut de beauté, parue dans un magazine féminin, avant les vacances !) La période qui précède les vacances devient une période de stress ; au lieu de se réjouir à l'idée de prendre du repos et de voyager, de retrouver la mer et le soleil, il faut se préparer avec inquiétude à affronter le regard des autres !

Et la chirurgie esthétique apparaît de plus en plus comme la solution miracle : elle peut actuellement apporter une nouvelle peau, un autre nez, des seins sur mesure, des cuisses galbées et une taille de guêpe... Autant de possibilités qui rendent inacceptable l'idée d'un corps imparfait, et provoquent ainsi l'insatisfaction permanente de vivre dans un corps qui déplaît.

Toujours dans un magazine féminin, une femme fait part de son bonheur retrouvé grâce à la chirurgie esthétique : « A dix-huit ans, affublée d'un tour de poitrine de 95 cm, je marchais dans la rue le dos voûté et tête baissée. Les sifflements admiratifs et les regards concupiscents me tétanisaient d'horreur. C'était la mode des "sans seins" et chaque année, à l'approche de l'été, le supplice recommençait (...). A vingt-quatre ans, après la naissance de ma fille, mes seins s'étiolaient à vue d'œil... Dès lors, je n'eus qu'une idée, retrouver les seins de mes dix-huit ans. Après une longue hésitation, en retrouvant grâce à la chirurgie esthétique ma poitrine d'antan, il m'en a coûté une somme très importante, mais franchement, je suis une femme heureuse. »

On dit que le bonheur n'a pas de prix : si une somme même très importante peut apporter le bonheur, il ne faut en effet pas hésiter une seule seconde ! Mais peut-on être heureuse parce que l'on a des seins sur mesure ? Et de quel bonheur s'agit-il ? Toutes les femmes qui avaient fini par se résigner, parce que la nature, parce que les enfants, parce qu'elles se sentent aimées par l'homme avec lequel elles partagent leur vie, parce que, après tout, c'est important, mais peut-être existe-t-il dans la vie d'autres choses plus importantes, ces femmes-là vont se sentir soudain coupables de garder ces seins trop petits ou trop gros... et cela en fonction des modes en cours. De plus elles ne peuvent que se sentir frustrées, car entre la démarche d'affronter la chirurgie esthétique, à la fois coûteuse et toujours un peu inquiétante, et celle qui consiste à décider de s'accepter une fois pour toute telles qu'elles sont, aucune situation ne pourra tout à fait les satisfaire.

Inconfort d'autant plus grand que l'apparence et la séduction représentent des valeurs de plus en plus essentielles. Il devient encore plus difficile d'accepter de vieillir, de voir apparaître à la fois les rides et les limites qui s'imposent avec l'âge ; il est insupportable de ne plus continuer à plaire. Dans un monde conditionné par le paraître, la beauté et le dynamisme sont devenus le laissez-passer indispensable pour exister. Ce qui laisserait à penser que dépourvu de ces qualités bien spécifiques, on est « moins que rien ».

Les journaux n'ont jamais publié autant d'articles sur la « forme » : comment l'acquérir, comment la conserver, comment s'assurer de la posséder *ad vitam æternam*, contre vents et marées, telle une force infaillible et indestructible. Les régimes, les vitamines et la thalassothérapie apparaissent alors comme les réponses adaptées à toutes sortes de maux. Et capables de compenser toutes les insatisfactions !

Posséder une certaine hygiène de vie favorise indiscutablement un bien-être corporel. Prendre soin de son alimentation, s'assurer un temps de sommeil suffisant, pratiquer régulièrement des exercices, alterner le temps de travail avec un repos compensateur, font partie des conditions favorables à notre équilibre. Mais, si l'infraction à un régime doit entraîner un sentiment de culpabilité, si la comptabilité des heures de sommeil devient l'objet d'une préoccupation obsessionnelle, et si l'absence d'exercice favorise l'idée d'un mal-être, cette importance donnée au corps a pour résultat des effets négatifs. « Je me déteste telle que je suis maintenant ! J'ai grossi, et en plus, je ne fais plus de sport... J'avais arrêté de fumer, et j'ai recommencé. Comme je n'arrive plus à dormir, je prends des calmants et, dans la journée, je suis obligée de boire du café pour ne pas être complètement abrutie ! Je me sens de plus en plus mal dans ma peau, et je n'ai même plus la volonté de faire ce qu'il faut pour que cela change. »

Il est impossible de dissocier le corps de toute l'imagerie mentale qui lui est associée. Support de désir provoqué mais aussi de désir ressenti, l'un étant souvent indispensable à l'autre, le corps est vécu tel qu'il est pensé ; à travers lui, se réactualisent toutes les insatisfactions, et les douleurs de ne pas être aimé, toutes les sensations de rejet et de non-appartenance à un groupe. « Elles sont toutes belles, sauf moi », devient : « Elles sont toutes heureuses sauf moi », et d'aboutir à la conclusion : « Si je me donne les moyens d'être belle, je serai heureuse. »

Les femmes qui décident de pratiquer une intervention de chirurgie esthétique le font le plus souvent, dans le cas où cette intervention n'est pas vraiment indispensable, à un moment charnière de leur vie. Face à une insatisfaction sur le plan professionnel ou personnel, un changement s'impose : une intervention extérieure, ce petit geste salvateur semble alors capable de répondre à leur demande.

Modifier son corps afin de s'en faire un allié dans la reconquête permanente du désir peut constituer une réponse positive dans la mesure où cela permet d'avoir davantage confiance en soi. Dans la mesure où cette attente ne dépasse pas ce qu'une amélioration venue de l'extérieur peut apporter. Dans la mesure où la réponse vient combler parfaitement une gêne facilement réparable.

Si l'attente dépasse le plaisir d'avoir un ventre plus plat ou de voir disparaître ses cernes sous les yeux, s'il ne s'agit que d'un moyen à court terme d'occulter un mal de vivre ou d'espérer être ainsi mieux dans sa peau, toutes les insatisfactions risquent de réapparaître tôt ou tard. Et l'illusion magique que « tout devient possible » ne fait que favoriser l'apparition d'une déception... qui doit être annulée, sitôt aperçue, par d'autres mesures palliatives !

C'est ainsi que certains régimes draconiens se soldent parfois par un échec. Une fois le poids de rêve obtenu, il faut être capable de faire face à une réalité qui vient contredire les rêves préexistants. Que faire alors d'un désir qui s'est réveillé dans des conditions enfin propres à le satisfaire, et que rien ne vient combler ? Il devient parfois plus simple d'annuler ce désir, en reprenant et ses kilos... et ses rêves. Ou encore comment affronter un regard désirant s'il est vécu comme envahissant et persécuteur, s'il suggère une demande qui est ressentie comme une agression, une demande qu'il faut par conséquent fuir, en s'isolant des autres... par quelques kilos.

Vouloir modifier l'image de son corps, c'est souvent dire à travers lui ses peurs et ses refus, ses plaintes et ses revendications, et résoudre par son intermédiaire une insatisfaction qui ne concerne pas seulement son corps, mais sa vie. C'est vouloir ainsi maîtriser ce qui est difficile à maîtriser, et qui ne l'est certainement pas par le simple fait d'une intervention chirurgicale : ces notions subtiles que sont le désir, le bonheur de vivre, celui d'aimer et d'être aimé. C'est croire que pour s'aimer soi-même, il suffit de correspondre à l'image d'un objet digne d'amour. C'est nier tout ce qui, dans l'histoire d'un homme et d'une femme, l'empêche de s'accepter tel qu'il est, bien au-delà de son apparence extérieure, et souvent paradoxalement avec cette apparence.

Même si nous avons tout pour être heureux, il se peut que nous nous empêchions de l'être, par ce manque à avoir que suscite la société, par cette illusion que les autres vivent un bonheur que nous ne vivons pas, par cette douleur narcissique sans cesse réveillée par toutes ces images destructurantes qui envahissent notre pensée, par cette difficulté à faire confiance à notre sensation plutôt qu'à notre image.

La pensée dans l'ici et maintenant

> « Si votre quotidien vous paraît pauvre, ne l'accusez pas. Accusez-vous vous-même de ne pas être assez poète pour appeler à vous ses richesses. »
> RILKE, *Lettres à un jeune poète.*

« Un jour, plus tard... » Il est parfois plus facile de rêver sa vie que de se donner, ici et maintenant, les moyens de la satisfaire. Pour des raisons qui nous échappent, pour des barrières impossibles à dépasser, pour des obstacles réels ou imaginaires, la réalité telle que nous la vivons dans le présent ne nous apporte pas les plaisirs que nous pourrions en attendre. Et face à cette déception, à cette vie qui ne répond pas à nos attentes, nous cherchons un moyen de rendre supportable ce qui ne l'est pas : nous projetons dans un futur hypothétique nos désirs inassouvis, ou nous faisons en sorte de les oublier par l'intermédiaire de « drogues » de toutes sortes, que ce soient les petites pilules que nous avalons ou un mode de vie qui ne laisse plus le temps de penser.

Mais cette projection dans le futur, si elle aide à vivre, présente également ses pièges : sous la forme d'un paradis perdu que nous chercherions sans cesse à retrouver, le rêve envahit l'instant présent ; et l'image idéale de notre vie n'existe plus que dans le domaine du rêve. Dans ce scénario de l'avenir, tous les espoirs sont permis : il suffit d'y croire... et d'attendre. Et si l'attente dans la confiance est nécessaire et même bénéfique, elle peut aussi être très limitative : qu'importe aujourd'hui, puisque demain ce sera mieux !

Le danger est de passer ainsi toute sa vie à croire que le mieux est à venir. L'écolier, déjà, effectue consciencieusement ses devoirs en attendant avec impatience d'accéder aux études supérieures ou à une préparation plus concrète de sa vie d'adulte. L'étudiant attend la fin de ses études pour avoir enfin un métier qui lui apporte davantage d'indépendance et de considération. Et lorsqu'il travaille, il n'a d'autre but que d'améliorer son niveau de vie pour consommer toujours plus, et posséder encore davantage ! Jusqu'au moment où, épuisé, il aspire enfin à un temps de repos... qu'il n'obtient qu'à la retraite. Et il pense alors avec nostalgie à ce qu'il n'a pas pris le temps de vivre.

Il est utile et même indispensable d'être « en projet ». Mais c'est ainsi que certains s'en inventent ne serait-ce que pour le simple bonheur d'en avoir ; la réalisation au fond leur importe peu. Portés par le désir du moment, ils s'offrent le plaisir d'imaginer ce qu'ils pourraient vivre... un jour... plus tard. Puis il suffit qu'un autre projet vienne remplacer le précédent pour que celui-ci n'ait plus aucune raison d'exister. De projet en projet, ils alimentent ainsi un quotidien du piquant dont il leur paraît dépourvu.

D'autres mettent toutes leurs forces dans la réalisation d'un projet, à croire que l'existence perd tout son sens en dehors de cette réussite ; et ils font alors sans peine le sacrifice de leur temps... et de leur santé. L'investissement devient tel, qu'il s'agisse d'un travail, d'un amour, d'un enfant, d'un voyage, d'un déménagement... ou d'une création artistique, que toute la pulsion de vie semble s'être fixée sur ce but unique. Cet élan vital risque dans ce cas de disparaître avec la fin du projet ; et de donner, à l'image des dépressions du post-partum, l'apparition de dépressions du post-déménagement, post-voyage, post-livre...

D'autres enfin semblent n'avoir de projets... que pour se faire des souvenirs. Il ne leur est d'aucun plaisir d'assister à tel dîner ou à tel spectacle, mais il leur semble obligatoire de s'y rendre... pour après. Ils pourront alors affirmer avoir vu et entendu, ce qu'il faut voir et entendre pour obéir au code d'une certaine société. Le futur avant même d'être vécu est déjà du passé.

Tous ceux dont le présent n'existe qu'en fonction d'un futur rêvé et idéalisé, cultivent cette illusion permanente d'un « après » plus satisfaisant, et risquent ainsi d'oublier de vivre le temps qui passe. Ils restent sourds aux propositions, peut-être plus simples mais non sans intérêt, que chaque journée et chaque instant peuvent leur apporter.

Cette fuite, hors de notre vie, hors de notre présent, hors de notre corps, nous n'en sommes pas toujours conscients, nous n'en avons pas fait le choix : elle est devenue, dans l'instant, la seule issue possible. La souffrance qui résulterait d'un face à face avec notre insatisfaction est insupportable. Et les exigences du quotidien ne donnent souvent pas d'autre choix que celui de survivre : nous ne pouvons nous offrir le luxe d'être envahis par une tristesse ou une rage qui nous empêcheraient d'affronter les obligations quotidiennes. Nous ne pouvons prendre le risque de perdre le contrôle de nos émotions, et de nous trouver ainsi confrontés à un corps qui ne sait plus obéir aux ordres que nous lui donnons. En remettant à plus tard la réalisation possible d'une vie telle que nous souhaitons réellement la vivre, nous concentrons, en attendant, tous nos efforts pour « tenir le coup », et surtout « ne pas craquer »...

« Avec tout ce que j'ai à faire, mon métier, ma maison, les enfants, il faut que je sois à l'écoute de tout le monde, et puis les clients, il faut toujours être plein d'énergie pour les convaincre d'acheter, et trouver la force en rentrant de faire à dîner, de faire les devoirs des enfants... et puis être sexy, faire plaisir à mon mari, alors, j'ai peut-être tort, mais au moins ça fonctionne, je prends du café et de la vitamine C toute la matinée et, le soir, comme bien sûr je n'arrive pas à m'endormir avec tous les soucis et l'énervement, je prends un petit Témesta. J'ai aussi toujours de l'aspirine sur moi, car j'ai très souvent mal à la tête. »

Les trois médecins anonymes du livre *300 médicaments pour se surpasser intellectuellement et physiquement** résument bien l'esprit du siècle : « Nous vivons dans un monde impitoyable où être le plus fort, le plus débrouillard, le plus malin, le plus intelligent, le plus rapide mais aussi le plus résistant est devenu une condition nécessaire, sinon suffisante, pour réussir ou plus simplement pour tenir. » Le triomphe de ce livre, cent mille exemplaires vendus en un mois, et l'augmentation de plus d'un tiers en dix ans des anxiolytiques, montre qu'il est devenu de plus en plus naturel de ne plus faire confiance à sa propre nature. Ni le désir de vivre, ni celui de dormir ne sont suffisants pour

---

* Balland, 1988.

assurer un équilibre viable entre le jour et la nuit. Les angoisses du jour rendent insomniaque et les insomnies empêchent de vivre : spirale infernale qu'il faut rompre à l'aide de médicaments.

« Les acheteurs de notre livre sont surtout des gens qui ont envie de se surpasser », dit-on chez Balland. Incapables de nous supporter tels que nous sommes, et surtout tels que nous ne sommes pas, nous sommes à la recherche de substances qui puissent permettre d'échapper à ces limites difficilement acceptables qui nous sont, croyons-nous, imposées par notre corps. Nous recherchons ces petites pilules comme on va à la quête du Graal, espérant y trouver des adjuvants magiques capables de nous rendre gais quand nous sommes tristes, de nous sentir en pleine forme quand nous sommes épuisés, d'être courageux quand nous nous sentons envahis par la peur, ou d'être calmes quand nous aurions envie de tuer... Nous ne supportons pas d'avoir un corps impuissant à satisfaire nos exigences : nous considérons qu'il n'a pas son mot à dire, qu'il ne doit aucunement nous contrarier dans notre besoin d'être performants sur le plan sportif, intellectuel ou sexuel... Nous nous acharnons à faire de telle sorte qu'il corresponde à l'image idéale que nous en avons.

Nous gardons ainsi l'illusion d'une toute-puissance sur notre corps ; rien ne doit nous atteindre, ni l'usure du temps, ni les contrariétés et leurs répercussions néfastes sur notre santé. Nous devons être capables d'affronter tous nos engagements, et de faire quoi qu'il en soit « bonne figure », mus sinon par le désir d'« être » bien, au moins par celui de le prouver aux autres par l'apparence d'un bien-être. Et si nous ne savons plus où se situe notre désir, nous faisons « comme si », nous continuons à courir, convaincus finalement que c'est ainsi qu'il faut vivre. « Moi je n'ai pas de temps à perdre pour faire une thérapie, j'ai beaucoup trop de choses à faire. Déjà, je ne trouve pas le temps de dormir, alors à l'idée de prendre du temps, en plus à des horaires fixes, j'ai horreur des contraintes, pour parler de mes problèmes, non vraiment, je n'en vois pas l'utilité. Bien sûr, je suis épuisée et le plus souvent sur les nerfs, mais mon médecin me donne un traitement qui m'aide à tenir le coup... Et puis, il faut bien que ça aille, je n'ai pas le choix. »

Certains sont ainsi pris d'une agitation perpétuelle, en proie à une excitation qui, même si elle est superficielle, leur semble préférable à « rien » : le calme, l'arrêt, l'immobilité sont synonymes de mort. « Quand je vois dans les magazines tous ces gens qui n'arrêtent pas de sortir, quand je vois tout ce qu'ils font dans la vie, j'ai l'impression de ne pas vivre. » « Je suis complètement affolé si un seul soir de la semaine je n'ai pas une sortie de prévue. Et ensuite quand je vois en début de semaine mon carnet plein de rendez-vous, j'ai soudain envie de tout annuler ; je n'ai qu'un désir, rentrer tranquillement chez moi, regarder la télévision ou bouquiner. » « C'est l'engrenage, j'ai de plus en plus d'engagements, je ne peux pas m'en plaindre, j'ai tout fait pour que ce soit ainsi, mais maintenant, je cours derrière le temps et je n'ai plus une minute à moi... »

« Je n'ai pas le temps... », obsédés par la réalisation d'un objectif immédiat, certains courent sans prendre le temps de penser leur vie, et encore moins de la remettre en question. Même s'ils sont insatisfaits, épuisés, et malheureux, peu importe, il faut avancer jusqu'au prochain rendez-vous, tenir l'engagement le plus urgent, et surtout ne pas s'arrêter, le monde impitoyable dans lequel nous vivons ne leur pardonnerait pas !

Ils se tuent ainsi à la tâche, oubliant parfois que ce qui leur paraît essentiel ne l'est peut-être pas tant que ça, et que rien n'est plus vital... que de maintenir son corps en bonne santé. D'autant qu'à occuper tout son temps à gagner sa vie, on risque de la perdre, et qu'à tout faire pour ne jamais perdre son temps, on n'a plus de temps pour soi.

Dans cette course à cent à l'heure, ils exigent des efforts démesurés de leur corps qui doit suivre, coûte que coûte, le rythme qu'ils lui imposent. Un rythme qu'ils continuent même parfois à lui faire subir dans leurs temps de loisir. Peut-être éprouvent-ils du plaisir dans cette course effrénée ; mais si tel n'est pas le cas, leur est-il vraiment utile d'aller ainsi au bout de leurs forces ? Pour l'accomplissement de ce qui semble urgent et obligatoire, ils usent de forces qui leur seront ultérieurement nécessaires et ils risquent vite, dans l'épuisement, de ne plus rien pouvoir faire. Le corps, malade de ce qu'ils lui imposent, leur imposera à son tour un cortège de symptômes, sciatique, tendinite et autres formes de blocage, propres à les rendre incapables de poursuivre plus longtemps ce rythme infernal.

Pourquoi ne pas essayer d'accorder notre vie, autant que possible, au rythme qui est le nôtre ? Pourquoi ne pas être à l'écoute de nos désirs et respecter les limites qu'avec l'expérience nous avons appris à connaître ? D'autant que l'hyperactivité n'est pas incompatible avec une certaine quiétude. Au contraire, dans le calme il est possible d'affronter chaque situation avec la concentration et l'efficacité nécessaires, de prendre des décisions les unes à la suite des autres, la tête reposée et l'esprit clair. Dans ces conditions les décisions s'imposent d'elles-mêmes, tant la distance qu'apporte la tranquillité laisse la place au sentiment d'évidence.

Mais si notre pensée suit l'agitation de notre corps, sans cesse mobilisé dans des activités différentes, essoufflée à courir d'un centre d'intérêt à un autre, si notre esprit est envahi par une anxiété qui l'empêche de se fixer ne serait-ce qu'un temps limité sur un sujet bien défini, notre concentration ne peut être maintenue qu'au prix d'une grande tension. « J'ai un mal fou à me concentrer sur mon travail. Mon esprit s'évade, il me faut faire des efforts constants pour le maintenir en place. Toute lecture imposée ou travail à effectuer dans un temps limité me mettent par conséquent dans un état de panique, j'ai l'impression que je n'y arriverai jamais. »

Tensions qui sont à l'origine de douleurs multiples : douleurs de dos, spasmes vésiculaires ou coliques, brûlures d'estomac, et maux de tête... Ces derniers peuvent s'expliquer en partie par la dissociation qui s'opère entre notre corps et notre esprit : nous sommes là mais nous voudrions être ailleurs, notre corps ne fait par conséquent que donner l'illusion d'une présence, notre pensée se trouvant être très éloignée du lieu dans lequel nous nous trouvons. Et dans cette tentative désespérée de nous adapter au lieu et au moment présent, de plus en plus incapables d'avoir la disponibilité et l'attention nécessaires pour mener à bien ce que la situation exige de nous, nous finissons par nous abstraire comme nous le pouvons des circonstances présentes. La douleur qui envahit notre tête rend alors effectivement toute communication impossible ; de même que certains malaises nous permettent à notre façon de nous absenter de la situation...

Si nous ne sommes pas tout entiers là où nous sommes, dispersés dans des mouvements de fuite incessants, ou inauthentiques dans nos sentiments comme dans nos actes, nous finissons par nous perdre de vue au point de ne plus savoir ni où nous sommes, ni pourquoi nous y sommes. Et que ce soit dans une vision exagérément dramatique de notre vie ou au contraire dans un élan euphorique, ces voyages hors de nous-mêmes présentent le danger de nous faire perdre le sens de la réalité, et de nous entraîner si loin de nous que nous ne savons plus comment nous retrouver.

« Quand mon mari est euphorique, je ne le supporte pas. Je sais trop à quel point ce n'est plus lui. Et je sens l'anxiété qui est présente derrière ses rires trop bruyants, son excitation excessive. » Dans l'instant, l'état euphorique peut procurer la sensation merveilleuse d'être « sur un petit nuage » : nous sentons notre corps libéré des pesanteurs et des limites qu'il nous impose en temps ordinaire. Notre respiration est plus ample, nous nous permettons enfin d'inspirer à pleins poumons le bonheur qui nous envahit, notre cœur bat à la mesure d'une vie exaltante, et notre esprit est tendu vers un « ailleurs » d'autant plus séduisant qu'il permet d'échapper à notre quotidien.

Quand il faut remettre les pieds sur terre, la chute est le plus souvent douloureuse. Le corps, pour s'être rempli de ce qui n'est plus, revient vide de sensations. Et la vie apparaît alors vide de sens. « Je m'aperçois que je passe mon temps à partir : à l'étranger, mes amours je les vis toujours avec des étrangers, mais également dans mes rêves, dans ma façon de tomber amoureuse où je veux oublier tout le reste, comme si je n'avais plus d'identité autre que celle d'aimer et d'être aimée, et dans mon besoin de voir toujours du monde, de faire la fête en buvant un peu trop... je veux des parenthèses à ma vie, mais finalement je m'aperçois que je n'ai la sensation de vivre que dans ces parenthèses, et que le réveil, c'est-à-dire ma vraie vie, ma réalité, je la vis de plus en plus mal. »

Il faut se méfier de ce qui donne le goût de la non-réalité, de ce qui entraîne « hors de soi ». Par peur de réintégrer à nouveau sa pauvre peau, il faut ensuite surenchérir en consommations de toutes sortes pour éviter un pénible retour en arrière. Chacun sait que toute drogue, par définition, entraîne un phénomène d'accoutumance ; il devient indispensable d'augmenter les doses pour retrouver les sensations fortes ressenties la première fois. Les fumeurs d'opium disent rechercher éternellement cette première sensation ; et ils ne la retrouvent jamais, même en augmentant les doses.

A la recherche d'un plaisir créé artificiellement, nous nous mettons infailliblement dans un état de manque. En l'absence de cet élément extérieur dont nous sommes devenus dépendants, drogue, alcool, passion... ou parce qu'il ne procure plus les mêmes effets, nous sommes dépossédés de nous-mêmes, envahis par une impression douloureuse de vide et d'insatisfaction. Nous avions l'illusion d'avoir atteint la perfection ; tout ce qui est en deçà, désormais, ne peut plus que nous décevoir. Et il faut alors trouver toujours autre chose pour donner du relief à notre vie, lutter par tous les moyens contre une pénible sensation de manque.

Or cette sensation de manque toujours prête à réapparaître est inhérente à la condition de l'être humain ; peut-être est-il sage de la reconnaître et de l'accepter. D'autant plus qu'elle est nécessaire : elle est le moteur utile pour nous faire chercher, avancer et agir. Nous pouvons accéder à un bien-être beaucoup plus profond si nous perdons l'illusion de pouvoir jamais combler tout à fait notre manque, et si nous pouvons ainsi profiter de ce que chaque moment nous offre, sans en attendre plus que ce qu'il peut nous apporter, sans y mettre aucune finalité.

A une attitude boulimique qui consiste, sitôt avalé, à désirer que le repas se poursuive, ou sitôt fumée, la prise d'une autre cigarette, n'est-il pas préférable d'opposer une dégustation de chaque bouchée pour atteindre finalement un sentiment de satiété ? A quoi sert de répéter inlassablement quelque acte que ce soit, s'il ne doit jamais être apprécié dans ce qu'il offre à chaque instant ? Si la recherche du plaisir se rapproche d'un besoin boulimique, ce plaisir est déjà usé dès lors qu'il est obtenu. Et vouloir répéter sans le renouveler toujours le même type de plaisir consiste à nier l'évolution du temps et la modification des besoins qui l'accompagne.

Il faut être à l'écoute de nos désirs pour nous offrir au quotidien le plus de satisfactions possible. Nous pouvons ainsi apprécier dans l'immédiat chaque acte pour ce qu'il est, être totalement présents, ici et maintenant, à chaque moment de notre vie : seul le désir adapté à chaque instant donne de la légèreté à nos pas, de la force à nos décisions.

Et nous devons être très vigilants pour ne pas toujours penser que le bonheur est « ailleurs », pour ne pas le rechercher dans quelque drogue que ce soit, pour ne pas confondre l'image et la sensation. Ce qui représente pour nous une image de bonheur, nous sommes parfois incapables de la vivre avec la sensation de bonheur : un lieu de rêve, une situation depuis longtemps attendue, une réussite inespérée devraient nous rendre heureux, mais notre corps ressent malaise, oppression et angoisse. Nous pouvons au contraire trouver dans ce qui peut apparaître objectivement banal, ce qui ne correspond à aucune image prédéterminée du bonheur, la jouissance pure d'un bien-être corporel. Et ces instants de bonheur nous apprennent l'existence des joies simples qu'il nous appartient de laisser s'exprimer dans des circonstances qui n'ont rien d'exceptionnel. « J'étais heureux de me promener comme si j'étais amoureux ; le même sentiment d'exaltation. Mais au moins, cette sensation ne dépendait que de moi. »

Vécus dans la plénitude pour ce qu'ils sont, ces instants peuvent avoir une fin, puisque rien ne s'oppose à leur réapparition prochaine. Il ne devient plus insupportable de les perdre si nous n'avons pas la sensation qu'ils nous échappent, ni dans les circonstances de leur réalisation, ni dans nos capacités de les contrôler. L'attitude boulimique répond à la peur de ne pas avoir, ou à celle de ne plus avoir. Moins nous attendons quelque chose de précis et plus nous savons pouvoir éprouver du plaisir dans des circonstances très simples. Plus nous pouvons alors faire confiance à l'avenir et ne pas craindre sans cesse que l'on ne nous donne pas, ou que l'on nous retire l'objet de notre désir.

Chacun peut s'offrir ces moments d'exaltation où participe chaque cellule de son corps. Cet éveil, cette « présence à soi-même », cette intensité dans les plaisirs les plus simples doivent pour son bonheur quotidien être recherchés, créés et recréés au fil des jours.

6.

LE MOI MALADE

« J'ai perdu l'usage de moi »

« J'ai du mal à parler de moi, car derrière ce moi, il n'y a rien. » « J'ai l'impression qu'il n'y a que du vide à l'intérieur de moi. Ce qui peut apparaître séduisant n'est que du faux-semblant. Une illusion. » Cet « intérieur », certains en parlent parfois comme s'il s'agissait de leur identité : cette sensation physique de vide, ils l'assimilent à ce qu'ils croient être la réalité de leur monde intérieur, et ils sont convaincus de cacher aux regards des autres une personnalité qu'ils pensent être inexistante.

« Il me faut toujours tout contrôler, ne rien laisser échapper de cet intérieur que je déteste, ne rien laisser paraître de ce vide. » Mais ce vide ressenti n'est-il pas justement la conséquence d'un contrôle permanent ? A force de ne rien laisser passer de leurs émotions, ou de leurs idées personnelles, comment pourraient-ils découvrir ce qu'ils tiennent si fortement caché ? Et ne doivent-ils pas s'interroger sur ce que ce vide vient masquer, non seulement aux yeux des autres, mais à leurs propres yeux ?

Ils se sont interdit de montrer leurs sentiments, et l'expérience les a peu a peu confortés dans cette prise de décision. Déçus par une absence d'écoute, blessés par des réactions de désintérêt ou d'incompréhension de la part d'autrui, convaincus que « cela ne se fait pas de parler de soi » et que s'épancher, c'est immédiatement « se répandre », ils ne se laissent jamais aller à dire ce qu'ils ressentent. Ils pensent que « de toutes les façons les autres n'ont pas de temps à perdre à écouter leurs histoires », et il leur est plus naturel de faire partie de ceux qui écoutent que de ceux qu'on écoute.

Il se peut que, dans leur histoire personnelle, ils aient eu à prendre en charge certains membres de leur famille, sans que cela ait jamais été formulé de façon précise. Leurs parents, déprimés, trop jeunes, immatures, ou encore ayant de graves difficultés personnelles, n'ont pu leur apporter la disponibilité ou l'attention souhaitée.

Et faute d'interlocuteur, il devient vite naturel de taire ses émotions et ses réflexions les plus intimes. « Je ne peux pleurer ou rire comme une gamine que seule, en regardant un mauvais film ou en lisant ; comme si je ne pouvais accepter mon émotion qu'à travers des personnages fictifs, à la fois loin de moi et étrangers à mon histoire. J'ai été trop déçue par l'attitude des autres, je ne veux pas être à nouveau blessée. J'ai peut-être pris pour cette raison l'habitude de cacher mes sentiments. Je suis maintenant incapable de me laisser aller, au point que je ne sais même plus parfois si je ressens quoi que ce soit. » « La solitude est devenue pour moi une habitude. Les autres croient que je leur suis hostile ; moi je sais que c'est une forme d'orgueil. Je pense que si les autres désirent me voir, ils connaissent le chemin pour aller vers moi. S'ils ne font pas ce que j'attends d'eux, c'est qu'ils ne veulent pas faire cet effort-là ; alors comme j'en ai assez de demander pour ne rien recevoir, je ne dis plus rien. »

Devons-nous garder jalousement ce qui nous tient à cœur ? Nos sentiments d'amour, s'ils étaient étalés au grand jour, ne nous mettraient-ils pas en situation de faiblesse ? Les autres ne pourraient-ils y voir une fragilité dont ils seraient capables de profiter ? Parfois notre bonheur nous le taisons ; nous refusons de prendre le risque de voir des regards extérieurs détruire nos rêves et nos espérances, nos élans et notre enthousiasme. Peut-être avons-nous trop souvent entendu autour de nous qu'« il ne fallait pas se faire trop d'illusions » et, bercés par un négativisme permanent, nous n'osons plus donner libre cours à notre vision encore optimiste de la réalité. « A chaque fois que j'exprimais mon bonheur, ma mère ou mes sœurs trouvaient ce qui n'allait pas ; s'il y avait un détail négatif, j'étais toujours sûre qu'elles allaient le mettre en avant. Peu à peu, bien sûr, j'ai appris à me taire, à tout garder pour moi, surtout quand c'était bien. » « Il m'est impossible de parler de ce qui me tient à cœur : je suis convaincue que le regard des autres ne peut que détruire ce qui est précieux et positif en moi. »

Mais peut-être serait-il préférable que nous laissions s'exprimer davantage nos sentiments et pensées, parce qu'en les disant, nous pouvons mieux les connaître ; et qu'ainsi nous donnons la chance aux autres de nous reconnaître pour ce que nous sommes. Mettre au jour nos pensées permet également de ne plus craindre ce monde inconnu et inquiétant qui est en nous, ce monde dont nous craignons qu'il se manifeste n'importe comment, n'importe quand, échappant alors à tout contrôle de notre part. Si nous cachons à nous-mêmes ce qu'il nous semble préférable d'ignorer, si nous ne voulons rien savoir de ces passions qui nous habitent, entretenant ainsi l'illusion que nous pouvons nous protéger de notre propre vie intérieure, nous prenons justement le risque d'être débordés par ces turbulences émotionnelles.

Et si nous nous refusons à tout effort d'introspection, craignant de découvrir ou qu'apparaissent aux yeux des autres ce que nous nous efforçons de garder secret depuis si longtemps, nous agissons telle l'autruche : nous nous mentons à nous-mêmes. Nous voulons nier et occulter ce que nous pensons être des « mauvaises pensées » telles des idées négatives, un pouvoir destructeur, des envies suicidaires, ou encore une agressivité inavouable... « Je n'assume pas mon agressivité ; je ne supporte pas moi-même de l'être. Mais dans ma soi-disant gentillesse, j'ai une agressivité qui s'accumule, parce que je n'exprime ni ne fais jamais ce que j'ai envie de faire. J'ai l'impression de tromper le monde. J'ai toujours envie de leur dire : si vous saviez ce qu'il y a au fond de moi, vous ne pourriez plus m'aimer ! »

« J'ai toujours peur de laisser paraître ce que je considère comme mauvais en moi : mon agressivité. Je ne me sens exister que dans la rage, mais quand je la laisse trop s'exprimer, je me sens coupable. » Plutôt que de réveiller ces forces dangereuses et culpabilisantes, il semble parfois plus facile, par la négation, de les laisser en sommeil. « Je n'ai pas envie de réveiller mes vieux démons, je sais qu'il y a certainement des choses intéressantes à connaître ; mais, à quoi bon, qu'est-ce que cela changera ? »

Attitude inverse mais également réactionnelle à la peur de découvrir, ou que soient découvertes, leurs propres pensées, certains affirment ce qu'ils sont de telle sorte que l'autre n'ait plus rien à dire : ils préviennent toute critique potentielle par des explications et des justifications incessantes de leur comportement, croyant éviter ainsi tout jugement extérieur.

« Moi, je suis quelqu'un qui... » Ils sont toujours à la recherche d'une définition d'eux-mêmes, inquiets à l'idée que les autres ne les voient pas tels qu'ils sont et surtout qu'ils puissent par leurs interventions induire en eux un doute qui les remettraient totalement en question. Ce profond manque d'assurance les rend méfiants et sur la défensive. Il leur faut lutter sans cesse contre l'idée d'avoir mal dit ou mal fait. « Je sais que mon malaise vient de ma hantise permanente de mal faire ou de faire mal. »

Cette sensation peut être accrue à la suite de la mort d'un être cher. Même s'ils savent n'en être aucunement responsables, ils pensent toujours qu'ils auraient pu en dire plus ou en faire plus, aimer mieux ou autrement. « J'ai été très culpabilisé par la mort de ma mère. Je pensais que je n'avais pas su l'aimer, et qu'elle en était morte. J'ai besoin de me convaincre maintenant que je peux faire du bien, et surtout m'assurer que je n'ai pas le pouvoir de faire du mal. » Et ils sont d'autant plus malheureux qu'ils restent dans l'attente du geste qui pardonne, du regard qui rassure, de la parole qui va enfin approuver leurs actes.

Plus l'effort sera grand pour lutter contre notre monde intérieur, plus celui-ci s'imposera sous un jour ou sous un autre, et ce avec d'autant plus de violence qu'il aura été refoulé. Il n'est pas un domaine où refuser les difficultés permet de les faire disparaître ; celui des sentiments ne fait pas exception. Si nous ne payons pas nos dettes, elles ne feront qu'augmenter et il nous sera de plus en plus difficile d'y faire face ; de même, si nous n'exprimons jamais nos émotions, nous sommes en dette avec nous-mêmes.

D'autant plus que ce qui dans l'instant était facile à exprimer, devient de plus en plus lourd à porter et impossible à dire simplement.

Nous ne pouvons facilement annuler ce que nous voudrions ignorer : nous ne pouvons contrôler tous ces phénomènes parasites qui en disent parfois bien plus long sur nous que nous le voudrions. Au point que bien souvent nous sommes surpris d'entendre sur nous des réflexions qui dénotent d'une connaissance de nous-mêmes que nous n'aurions pas soupçonnée chez l'autre. « Je ne sais comment il a fait, mais je me suis aperçue qu'il en savait beaucoup plus sur moi que je l'aurais jamais cru. Pourtant je fuyais, je m'efforçais de ne rien dire et même le plus souvent, je mentais. »

Cette lutte pour ne rien laisser transparaître de notre monde intérieur peut nous donner finalement la douloureuse sensation de ne pas exister : « Je fais sans arrêt des efforts pour donner une apparence lisse, pour qu'il ne soit jamais possible de me faire le moindre reproche ; j'ai toujours peur d'être pris en défaut, de ne pas être assez intelligent, fort, cultivé... idée qui m'est totalement insupportable. Je lutte sans arrêt pour donner une image acceptable de moi-même, et à force de travailler mon apparence, je ne sais plus qui je suis. Ce "moi" qui m'est renvoyé par les autres, je ne peux y croire puisque je l'ai totalement fabriqué. » Certains réussissent à être invisibles, et dans ce sens-là irréprochables, mais ils finissent par souffrir de cette absence de regard sur eux : ce « rien » qui leur est renvoyé, rien à critiquer, mais aussi rien à dire sur « eux »... leur fait encore plus mal que la pire des insultes.

Personne ne peut se sentir bien s'il est confronté à un

sentiment d'inexistence ; il n'y trouve que solitude et un profond désarroi. Dans cette méconnaissance de lui-même, dans cette non-réalisation, il est plus que jamais la proie du désir d'autrui : il n'existe plus que dans le regard des autres, seuls capables alors de lui donner vie.

La sensation d'exister

« Mon état de mal-être ou de bien-être est conditionné par la présence ou l'absence d'une approbation de la part de mon entourage. » « Je ne me sens exister que dans le regard des autres. Alors, je sors tout le temps ; mais il est un temps où je me perds dans leurs regards. Après, je ne sais plus me retrouver seul. » « Quand les autres ne sont pas de mon avis, j'ai la sensation de ne pas exister. Il faut toujours que je défende mon point de vue, car c'est moi que je défends à travers mes opinions. » « J'aurais pu tout aussi bien ne pas être là. J'avais l'impression d'être exclue de leur conversation, inutile, et même encombrante. Au fond mon mari décide toujours tout pour moi, et mes enfants peuvent se débrouiller tout seuls. Je ne sers plus à rien et ça me rend malade. »

Nous avons besoin d'exister à travers un rôle bien défini, et reconnu par les autres ; un rôle qui peut être social, professionnel ou familial... Mais encore faut-il qu'il ne soit pas trop restrictif. Nous ne supportons pas d'être enfermés dans une image qui correspond à l'idée que les autres se font de nous, mais dans laquelle nous ne pouvons aucunement nous reconnaître. « Tu es égoïste et trop indépendant... On ne peut pas te faire confiance... Tu es toujours trop lent à réagir... Tu ne vas jamais au bout de tes actes... » Nous avons la sensation de n'exister qu'à travers l'image qui nous est renvoyée, ou justement nous avons la sensation de ne pas exister parce que cette image, toujours la même, nous est renvoyée.

Dans une relation duelle, familiale, amicale ou relation de couple, il semble que soit très vite imparti à chacun un rôle bien particulier, et qu'il soit difficile ensuite d'en changer. Ainsi celui qui réconforte et qui possède momentanément l'avantage d'« aller bien » face à celui qui « va mal », cédera avec beaucoup de regrets sa place en cas d'amélioration de son partenaire. Il s'était habitué à cette position où l'autre, en état de faiblesse, lui devait reconnaissance et amour ; comme s'il lui disait sans cesse : « Tu peux m'être reconnaissant de t'aimer malgré... » « Je suis obligé de faire cette constatation : à chaque fois que je vais mieux, ma femme va mal. Je ne pense pas qu'elle préfère que je sois déprimé, mais quand je le suis, je lui permets ainsi d'avoir un rôle de consolatrice vis-à-vis de moi. Je suis celui qui a des problèmes : elle, relativement, n'en a pas ou, au moins, peut-elle momentanément les oublier. Quand je vais bien par contre, je lui échappe, j'ai envie de faire plein de choses et je peux être heureux sans elle ; cette liberté lui fait peur et je peux même dire qu'elle en est un peu jalouse. En plus, ça la remet face à elle-même et à ses propres difficultés à vivre. »

Et il est bien connu que ce qui attire chez l'autre, différence ou complémentarité, est justement ce qui un jour peut être à l'origine d'une séparation, soit parce qu'il est difficile de voir l'autre changer, soit parce que, ayant changé soi-même, cette différence paraît désormais insupportable. « Si son côté séducteur me plaisait, maintenant, je ne supporte plus quand je le vois faire son numéro avec d'autres femmes. » « Il prétendait être séduit par mon indépendance. Maintenant, il ne la supporte plus : il me fait des scènes si je ne rentre pas suffisamment tôt à la maison, s'il n'est pas au courant de tous les détails de mon emploi du temps, si j'ai envie de lire quand il a envie de voir la télévision, si je veux voir des amis qui ne lui plaisent pas... » « Ce qui m'avait plu, c'était son côté très gaie, très vivante, même un peu fofolle. Cela mettait un peu d'animation dans ma vie, une vie que je trouvais trop rangée. Maintenant, je ne supporte plus ses absences injustifiées, ses retards permanents, son absence totale d'organisation, sa façon d'improviser sa vie sans que l'on sache jamais ni ce qu'elle fait, ni où elle est ! »

Il semble par conséquent préférable que la définition de l'un et de l'autre, de l'un par rapport à l'autre soit suffisamment souple pour pouvoir évoluer ensemble ; et plus chacun se montre vite tel qu'il est, moins il prend le risque d'avoir à soutenir ensuite une image trop éloignée de celle qui lui correspond réellement.

Le plus souvent, certains essaient de donner d'eux-mêmes une image différente de ce qu'ils sont, car avant de s'accepter tels qu'ils sont et de penser par conséquent pouvoir l'être par les autres, il leur faut remplir un nombre trop important de conditions : ils doivent être parfaits, toujours le meilleur, sans cesse l'objet de louanges et de félicitations de la part d'autrui. Et ils ont besoin de se convaincre qu'ils ont toujours plus, plus qu'avant et plus que les autres... : « J'ai toujours besoin que l'autre me donne plus, c'est la seule chose qui me rassure ; si on m'oppose un refus ou des limites, j'ai l'impression que je ne suis plus rien ; je me sens nié, exclu et j'ai envie de mourir. » « J'ai besoin d'exister hors des limites, celles de mon corps, celle du temps. J'aime cette sensation de toute-puissance au-delà des contraintes, des limites sociales, professionnelles, financières, sentimentales... J'aimerais n'avoir aucune responsabilité, être déchargé de toute obligation, être parfaitement libre. »

Cette reconnaissance de nous-mêmes, il se peut que nous la recherchions à travers une réalisation bien précise ; une réalisation qui devient alors l'objet d'un enjeu vital dans la mesure où en dehors d'elle, nous avons la sensation de ne pas exister. Nous risquons dans ce cas de devenir tellement anxieux que nous en perdons nos moyens d'expression. La force qui nous est nécessaire pour prouver aussi bien à nous-mêmes qu'aux autres ce que nous sommes capables de faire fait justement défaut : la réussite ou l'échec prennent une telle importance à nos yeux que la marge devient trop étroite entre une inhibition défaitiste et un état d'esprit particulièrement combatif. Chargée d'une telle signification, cette réalisation devient trop importante : nous n'avons pas envie de réussir, nous en avons « trop » envie.

La notion de « trop » implique que nous sommes en dehors de la norme : il s'agit d'un bonheur en « trop », non mérité, interdit. Car ce trop de bonheur, c'est aussi trop de culpabilité. La résistance que nous devons alors vaincre est proportionnelle à l'image négative que nous avons de nous-mêmes : si nous ne nous sommes pas sentis autorisés, encouragés à défendre une image valorisante de nous-mêmes, nous devons lutter avec d'autant plus de force pour l'imposer. Et l'enjeu est tel qu'il fait toujours craindre l'impossible, comme il a toujours été impossible que nous soyons acceptés dans le regard de nos parents, en tant que femme, en tant qu'homme, en tant que personne intelligente ou capable, en tant qu'individu autonome, en tant que personnalité bien différenciée...

Nous avons alors la sensation que ce qui se devrait d'être naturel ne peut pas l'être. Seul un pouvoir surnaturel et magique serait alors susceptible d'agir là où dans la réalité, le courage, la volonté et la persévérance s'avèrent être inopérants. « Deux mois après avoir décidé d'avoir un enfant, devant l'absence de résultat, j'ai tout de suite décidé de consulter. Je pensais que je n'y arriverais pas toute seule, sans aide médicale ; comme si j'étais convaincue très tôt que la nature seule ne pouvait me permettre d'accéder à mon désir. Au contraire, il était naturel pour moi de ne pas pouvoir être mère, de n'avoir pas le droit d'obtenir ce qui pour les autres était si naturel. Accéder à l'état de mère était accéder à quelque chose d'interdit, et en même temps cet état d'être mère était le seul moyen d'être femme, d'être reconnue comme telle, d'exister à part entière. »

Autre moyen de se réaliser, mais aussi autre défi à relever : l'écriture ou toute autre forme de réalisation artistique. « Je termine mon livre ; je devrais être très contente, pourtant, je me sens mal dans ma peau, à la fois extrêmement nerveuse et très fatiguée. Tant que j'aurai la sensation d'avoir à prouver quelque chose d'essentiel pour moi à travers ce livre, je n'arriverai pas à le terminer. A travers mon livre, je règle des comptes avec mon enfance : j'ai envie de dire à ma mère, qui avait toujours sur moi un regard désapprobateur, que j'existe, que je ne suis pas n'importe qui. »

L'autre, l'ami, le partenaire de rêve, le couple idéal que chacun voudrait former, peuvent représenter également une condition indispensable pour être reconnus aux yeux des autres. « Je suis tout le temps anxieuse, frustrée, j'ai peur qu'il ne veuille pas vivre avec moi. J'ai tellement envie qu'il dise "oui", certainement trop envie, comme si au-delà de ce "oui", il y avait la clé magique pour accéder au monde des adultes, celui des gens normaux, c'est-à-dire les parents et la société. Comme si sans un mari et des enfants, je n'avais pas la sensation d'exister. » Tant que l'attente d'un « oui » reste chargée d'une anxiété proportionnelle à la peur de ne pas être reconnus, nous avons toutes les peines à réaliser notre désir. Non seulement l'anxiété est inhibitrice, mais perçue par celui ou celle qui doit dire « oui », elle fait davantage fuir qu'elle n'attire : l'autre perçoit vite que ce qui est en cause, ce qui lui est demandé, dépasse le cadre de la relation qu'il entretient avec nous, et il se sent nié. Comment pourrait-il en effet supporter d'être utilisé dans une problématique qui ne concerne que nous ?

Il faut gagner la distance du trop au très envie pour se permettre de réaliser nos objectifs. Pour celui qui a de lui-même une image suffisamment positive pour qu'elle ne puisse pas être sans cesse remise en question par des éléments extérieurs, tout ce qu'il veut entreprendre peut être vécu comme un jeu : s'il prend le risque de perdre une partie, il n'y a aucune sensation de gravité, alors que s'il craint de perdre jusqu'à son identité, il redoute un échec qui dans ce cas ne peut être que dramatique.

Tandis que celui qui joue perdant, par absence totale de confiance en lui, se met déjà en situation d'échec avant d'entreprendre quoi que ce soit : l'autre l'a abandonné alors que ce dernier n'en a pas la moindre intention, et l'impossible est au rendez-vous sans qu'il ait encore rien tenté pour se prouver le contraire.

« Les gens qui me connaissent bien me demandent tout le temps pourquoi j'ai une telle image négative de moi-même. Il faut que ça change, c'est épuisant de vivre comme ça. » « Je ne cesse de dévaloriser tout ce qui m'entoure, mon ami, le métier que je fais, ma vie quotidienne, mes relations avec les autres, mon physique... une façon, je le sais, de me dévaloriser moi-même. J'ai des idées négatives sur lesquelles je me fixe. J'en ai toujours une que je cultive de façon obsessionnelle, une suffisamment dramatique pour m'empoisonner la vie. »

Il est parfois très difficile de transformer, ne serait-ce qu'à nos propres yeux, l'image que nous avons de nous-mêmes. Depuis un temps qui nous paraît infini, nous supportons des critiques qui n'ont fait que détruire peu à peu notre confiance en nous, et instauré un doute qui se réveille à la moindre défaillance. « Ma mère a toujours eu sur moi un regard dévalorisant ; en sa présence, je me sentais laide et stupide. Elle a toujours critiqué aussi bien mon physique que mes activités, comme si elle me disait sans cesse : "Je pourrais t'aimer, à condition que tu t'habilles d'une certaine manière... que tu te comportes dans la vie comme je t'ai dit de le faire... que tu aies l'activité que j'aimerais que tu aies..." Et avec mon mari, je sens à nouveau le même regard. »

Le plus souvent il n'est pas question de remettre en cause l'amour de nos parents ; certes ils nous ont aimés, mais comment, et à quelles conditions ? Nous, tels que nous sommes, n'avons-nous pas eu la sensation que nous ne pouvions ni nous faire connaître, ni être entendus ? « J'ai horreur que l'on me dise "nous" en m'associant à quelqu'un d'autre ; moi, c'est moi et personne d'autre. » « J'ai l'impression que je n'arrive pas à me faire entendre ; à faire savoir ce que je pense, ce que je suis. Et je ne supporte pas que l'on m'assimile à une autre qui est l'inverse de moi ; c'est tellement la preuve qu'on n'a rien compris à ce que j'étais. Celles qui me disent : c'est comme moi, tu aimes telle chose, tu préfères telle autre chose..., quand c'est complètement faux, me font penser à ma mère qui ne m'a jamais vue telle que j'étais, qui m'a toujours prise pour une autre imaginaire, à la fois prolongation d'elle-même et image idéale. » « Mes propres valeurs ont toujours été niées, personne ne reconnaissait ni mes goûts ni mes choix ; au contraire, ils ne me félicitaient jamais, ils valorisaient ce qui était justement le contraire de moi, les cadeaux qu'ils me faisaient étaient totalement inadaptés, et mon temps à moi, ils le considéraient sans importance car ils me faisaient toujours attendre. »

Autre difficulté, celle de trouver chez les parents un modèle identificatoire tel qu'à travers l'image positive qu'ils ont d'eux-mêmes, l'enfant, puis l'adulte, éprouve le désir d'avoir aussi une image positive de lui-même ; et qu'à travers l'exemple de leur propre réussite, il ait le désir de réussir également, dans le ou les domaines qui sont les siens. Il peut alors se définir, non pas comme eux, mais par rapport à eux. Les parents ont déjà ouvert pour lui certaines portes, ils lui ont donné un monde à découvrir, des valeurs à respecter, des plaisirs à rechercher, un mode de vie à privilégier.

Une petite fille aura plus de facilités à se sentir bien dans son existence de femme, si sa mère lui a donné l'exemple d'une femme, au moins relativement épanouie : « Ma mère était toujours malheureuse, mal dans sa peau, insatisfaite, et je suis sûre que cela joue un rôle dans ma difficulté à me sentir bien en tant que femme. » De même pour être un petit garçon puis un homme qui reconnaît et accepte les attributs du sexe masculin, il est préférable que le père les ait lui-même valorisés à ses yeux. « La disparition brutale de mon père m'a laissé de lui une image floue et imprécise. Un vide, une non-référence. Je cherche partout des modèles, des pères spirituels : dans les livres, chez ceux dont l'apparence extérieure me séduit, ceux qui ont l'air bien dans leur peau. »

Mais encore faut-il que la personnalité des parents ne soit pas rigide ou envahissante au point que l'enfant n'ait plus la place d'exister à son tour, autrement. Encore faut-il qu'ils ne donnent pas à voir un modèle qui ne supporte pas la différence, ou que, pour des raisons qui leur sont personnelles, ils ne puissent accepter de céder un privilège, une priorité, une supériorité qui leur sont indispensables à eux pour se sentir exister. Ils doivent transmettre le statut d'homme et de femme, mais savoir aussi en quelque sorte s'effacer pour que leur enfant puisse à son tour accéder à l'état d'adulte. Dans le cas contraire, celui-ci ne s'octroie que très difficilement une place d'adulte à part entière : il a la sensation de transgresser un interdit en s'appropriant des rôles qu'il n'est pas certain d'avoir le droit de revendiquer.

Il lui faut alors se battre pour s'imposer, lutter contre cette force intérieure qui le pousse à se conformer à ce que les autres attendent de lui. Dans l'enfance, il lui importait avant tout d'être comme les autres, l'identité sociale étant indispensable à la constitution de sa propre identité. C'est ainsi que durant sa scolarité, il a adopté un certain vocabulaire, une façon bien particulière de s'habiller, fait le choix de certaines activités, de certains films, de certains livres... autant de mots de passe nécessaires pour se sentir accepté par un groupe.

Cette identification au groupe, à des rôles déjà créés par d'autres ne présentait aucun danger d'exclusion : s'il était comme les autres, ces derniers ne pouvaient que l'accepter parmi eux. Il faisait partie de cette majorité rassurante, puissante et qui donne l'illusion d'être protégé à partir du moment où l'on s'y sent intégré. Ce n'est que plus tard qu'il a éprouvé le désir de s'individualiser, une fois acquise la conviction qu'il pouvait être admis dans un groupe, et reconnu par ce groupe.

De même, pour trouver une identité à travers le regard de ses parents, l'enfant a cru nécessaire d'adhérer à l'image qu'ils avaient de lui. Mais, ce qui est inévitable, dans le sens où l'enfant évolue plus vite que n'évolue le regard de ses parents sur lui, il est un temps où il se sent nié dans cette définition qu'ils ont de lui. Et il lui faut savoir alors imposer sa différence.

Cruel dilemme, il craint ainsi, tout en gagnant son identité, de perdre leur amour. Il en résulte un conflit interne qu'il vit dans son corps, par des angoisses, des malaises, des troubles fonctionnels et même des maladies psycho-somatiques : il lui faut payer par sa propre douleur ce besoin de s'individualiser, cette séparation du giron maternel, cet arrachement des liens d'amour...

Il ne peut jamais être certain, s'il change de comportement, de continuer à être aimé, d'être toujours accepté. Avant d'en faire la preuve, et parfois au lieu de prendre ce risque, il évite toute transformation, ou il joue double-jeu : il maintient une apparence d'hyper-adaptation tout en gardant pour lui, dans son intimité secrète, un monde marginal plein des réflexions qu'il n'ose dire ou d'une créativité qu'il n'ose montrer... L'enfant prend ainsi l'habitude d'avoir deux « moi », l'un visible, l'autre invisible ; deux vies, l'une extérieure, l'autre cachée. « J'ai l'impression de mener une double vie. Pour tous les autres, je fais "comme si", je fais "bonne figure", je reste le petit garçon qui ne fait pas de bêtises, pas d'excès, et dont la conduite est irréprochable. Moi seul connais l'autre face, celle de la marginalité, de l'interdit, du secret. Je me dis souvent : s'ils savaient ! »

S'il est possible un temps de maintenir sans trop de peine cette double existence, il vient un moment où la partie cachée se lasse d'être secrète, et où l'apparence exige des efforts qu'il ne semble plus opportun de faire. Chacun de nous est à la recherche d'une unité : nous supportons mal une dispersion qui, au lieu de nous enrichir par la multiplicité des images qui nous sont renvoyées, impose des contraintes à la mesure de cette multiplicité. Il faut savoir qui nous sommes au milieu de tous ces miroirs déformants, et nous éprouvons de plus en plus le besoin d'imposer une image juste, authentique, sans faux-semblant ni compromis. Nous ne voulons plus craindre de perdre l'autre en nous montrant tels que nous sommes ; au contraire l'autre ne nous intéresse qu'à partir du moment où nous nous retrouvons, au moins en partie, dans le regard qu'il nous porte.

Et cette multiplicité, nous devrions pouvoir la vivre sans avoir jamais la sensation de la subir : nous avons le choix, selon les circonstances, de montrer tel ou tel aspect de notre personnalité. C'est ainsi que nous préférons dans certains cas, par respect pour l'autre ou pour notre propre tranquillité, ne rien dire qui puisse blesser ou provoquer rejet et exaspération. Nous tenons compte de celui qui nous fait face afin de ne dire qu'à ceux qui peuvent l'entendre ce que nous jugeons bon de leur communiquer. Nous savons être différents selon nos interlocuteurs, mais nous ne perdons jamais conscience de ce qui constitue notre unité ; comme le centre d'un prisme aux multiples facettes, nous avons une personnalité qui nous permet de nous adapter à des situations toujours différentes, mais qui reste stable, unique et permanente.

Sensation d'unité qui, même si elle s'est constituée à partir d'identifications multiples, est là pour permettre de nous retrouver et non de nous perdre dans des rôles mensongers qui se succèdent, et même parfois se superposent jusqu'à nous faire tourner la tête. Elle doit nous éviter de nous disperser dans des personnalités d'adoption qui n'ont pour but que de nous adapter au désir de l'autre, ou de nous plier, dans la peur de déplaire, aux humeurs toujours changeantes qui nous sont imposées.

Si nous sommes dans l'incapacité de savoir ce qui est bien ou mal, ce qui plaît ou déplaît, ce qu'il nous est autorisé de faire, ou au contraire ce qui est interdit, si nous sommes sans cesse dans le doute et dans la non-confiance en nous, nous n'avons aucun sens de la hiérarchie des valeurs ; notre comportement, ainsi que les effets qu'il peut entraîner, est alors dénué de toute certitude. Le succès, s'il survient, échappe davantage qu'il n'est maîtrisé : selon la réaction positive ou négative de nos interlocuteurs, devant ce baromètre de la séduction, nous sommes bien ou mal, subissant soudain sans en rien comprendre un brutal changement d'humeur.

Nous devons croire dans la permanence de nos propres valeurs, et être capables de les défendre, indépendamment de ce que l'on désire pour nous, hors d'atteinte des critiques qui peuvent nous être faites. « Je sais qu'au fond, j'ai conscience de ma valeur, mais j'ai une telle sensibilité sur le plan affectif qu'à la moindre critique sur mon comportement, je me sens attaqué, blessé, et je me remets complètement en question. Maintenant j'ai décidé de ne plus me laisser entamer par toutes les réflexions désagréables qui peuvent m'être faites, je suis comme je suis, et si ça ne leur plaît pas, tant pis ! »

Notre moi doit devenir suffisamment fort pour que nous soyons capables de faire face à toutes les attaques dont nous sommes l'objet, assez solides pour que nous puissions rester intacts malgré toutes les hostilités qui viennent nous assaillir, et d'une constance telle que nous sachions nous imposer aux autres au lieu de voir les autres s'imposer à nous. « Je n'ai pas une forte personnalité car je suis non défini. J'ai un problème d'identité : je ne sais ni où je vais, ni ce que je veux. Une personnalité forte, c'est quelqu'un qui impose son vouloir ; mais pour cela il faut avoir un but, et je n'en ai aucun. En plus, je suis incapable d'aller à l'encontre de la volonté de l'autre. »

Comment pourrions-nous, si nous ne nous aimons pas, ne pas être sensibles aux remarques qui nous sont faites ? Nous sommes dépendants des autres aussi bien dans leur jugement que dans les preuves d'amour qu'ils peuvent nous donner. « Je ne sais pas ce que c'est que d'être bien, en étant seule. Il faut toujours que j'aie quelqu'un avec moi, que je sois rassurée par des preuves d'amour permanentes. » « Je ne m'aime pas. Je colle à l'image que l'on attend de moi pour me faire aimer. Je suis toujours en porte à faux ; je donne aux autres une image qui n'est pas celle que je suis. » « Je ne me trouve pas assez bien pour mériter de me faire du bien. Ce n'est pas aux autres que j'en veux, c'est à moi. Je m'en veux de ne pas m'aimer suffisamment pour être capable d'imposer mes désirs ! »

Faudrait-il pour nous accepter tels que nous sommes que nous nous considérions comme parfaits ? Qui pourrait donc dans ces conditions s'aimer suffisamment pour penser ensuite pouvoir être aimé par les autres ? Ne serait-il pas possible plus simplement d'avoir le désir de se faire plutôt du bien que du mal, et de défendre une image qui soit a priori plutôt positive que négative ? Nous pouvons ainsi nous donner les moyens d'aller au bout de nos exigences et défendre nos idées sans être anéantis par l'adversité ; nous ne sommes pas envahis par une anxiété et une inquiétude permanentes quant à ce que nous sommes ou non capables de faire. Nous trouvons le calme nécessaire pour affronter les difficultés une à une, et nous avons dans cette sérénité le bonheur de pouvoir être bien avec nous-mêmes...

« Nous sommes solitude »

« J'ai toujours besoin d'avoir des moments de solitude pour me recharger. La sollicitation permanente des autres autour de moi m'épuise, me vide, et parfois même m'ennuie. Je n'ai dans ce cas qu'un seul désir : avoir un temps suffisamment long pour prendre conscience de ce que j'ai vraiment envie de faire, pour retrouver mon rythme, pour me remplir de ce que j'aime. » Notre monde intérieur n'est pas un monde qu'il faut fuir à tout prix, mais au contraire nous sommes heureux de le retrouver car nous nous y sentons bien. Telle une tortue, nous avons délimité un espace qui n'appartient qu'à nous, un espace que nous privilégions et que nous avons besoin de protéger. Par conséquent, il nous paraît tout à fait normal de considérer que l'autre possède également un espace bien à lui et nous savons en respecter les limites.

Si nous n'avons aucune notion de ce qu'est notre identité, les limites avec l'autre ne peuvent être qu'indéfinies, et nous n'avons pas plus de raisons d'imposer les nôtres que de respecter les siennes. Où se situe notre domaine ? Où est celui de l'autre ? Pour certains cet autre n'est souvent qu'une prolongation d'eux-mêmes ; ils le traitent comme ils ont l'habitude de se traiter eux-mêmes. Ils lui imposent la même exigence et s'ils sont insatisfaits d'eux-mêmes, ils sont également perpétuellement insatisfaits de lui. Ils agressent en lui ce qu'ils n'aiment pas en eux, ou désirent s'approprier ce qu'ils voudraient eux-mêmes posséder. Et particulièrement dans une relation d'amour, dont ils défendent le caractère exclusif et possessif, la force de leur sentiment justifie de leur point de vue que l'autre leur appartienne corps et âme ; de même qu'ils n'hésitent pas à se donner tout entiers à lui. Désormais, il n'existe plus aucune différenciation entre l'autre et eux ; plus qu'un sentiment d'appartenance, ils souhaitent qu'ensemble ils ne fassent plus qu'un.

C'est ainsi qu'ils voudraient à la fois « tout » savoir de l'autre, et « tout » dire de leurs jardins secrets. « Je voudrais pour tout dire, partager mes angoisses et mes peurs, pour qu'ils les prennent en charge avec moi. Je veux qu'il sache tous mes secrets ; mais dans mon désir de me fondre avec lui, je finis par me perdre. Je le laisse envahir ma vie, puis mon esprit : il est omniprésent, et si la relation se passe mal, si j'ai la sensation qu'il ne respecte pas ce que je suis, je finis par me sentir persécutée. J'ai sans cesse sur moi son regard critique, son jugement négatif et l'angoisse devient telle qu'il ne peut que la percevoir et ne la supportant pas, il me quitte. » « J'ai toujours besoin qu'elle soit là, près de moi. Comme si j'étais incapable de me débrouiller tout seul, je lui confie l'organisation de ma vie. J'ai besoin de ne jamais perdre le contact avec elle, je ne peux vivre sans cette permanence, ce point d'ancrage, cette réassurance. »

Dans ce désir fusionnel, l'autre doit non seulement tout partager, mais également pouvoir résoudre tous leurs problèmes. « Avant, j'étais tellement envahi par mes problèmes que je les faisais porter en partie par les autres. Je pensais qu'il était normal qu'ils m'aident, ou je leur en voulais s'ils ne le faisaient pas. Maintenant, je me sens davantage capable de résoudre tout seul mes problèmes et je laisse les autres tranquilles. »

Parfois à l'inverse, ce sont eux qui sont persuadés de pouvoir résoudre les problèmes de l'autre. Ils prennent soin de lui comme ils aimeraient que l'autre prenne soin d'eux : ils l'aident, le protègent, le prennent en charge comme ils auraient aimé l'être eux-mêmes. « J'ai envie de donner ce que je n'ai pas reçu. J'aime m'occuper des autres pour qu'ils soient au maximum de leurs possibilités, et justement parce que je ne m'aime pas, je veux qu'ils puissent être ce que je ne suis pas. Ainsi, je peux être fière de moi, à travers eux. ».

Dans la mesure où ils respectent ce qu'est l'autre, celui-ci ne peut que bénéficier de telles attentions. Mais s'ils croient savoir pour lui toujours mieux que ce qu'il sait, et par conséquent dire et faire pour son soi-disant intérêt ce qui ne l'intéresse pas du tout, cet autre ne peut que se sentir agressé et même nié par de telles interventions. « Je croyais comprendre son mal de vivre ; mais plus je m'obstinais à vouloir la guérir, plus finalement je l'étouffais. » Ils envahissent l'autre d'une bonne volonté dont celui-ci ne leur sait pas forcément gré, et ils font même parfois plus de mal que de bien. Ils répondent à leur propre désir de toute-puissance : l'autre est un objet qu'ils voudraient pouvoir manipuler à leur guise, d'autant plus, pensent-ils, qu'ils lui veulent du bien. Et c'est ainsi qu'ils se donnent à corps perdu dans une cause qui leur donne la bonne conscience d'agir pour le bien des autres, mais qui a pour but avant tout de leur donner d'eux-mêmes une image valorisante : ils trouvent leur identité dans cette gentillesse et cette générosité sans limites.

Faut-il pour s'affirmer envahir l'espace de l'autre ? Notre espace est-il si peu satisfaisant et enrichissant qu'il soit toujours indispensable d'aller chercher ailleurs, chez l'autre, de quoi alimenter sa vie ? N'est-ce pas un irrespect total de l'autre que de prétendre, et soi-disant pour son bien, ce que lui ne veut pas pour lui-même ?

Dans cette quête de soi-même à travers l'autre, on risque toujours davantage de se perdre... et finalement de perdre l'autre. Si on a besoin d'être rassuré au point de ne jamais laisser à l'autre l'espace nécessaire pour venir vers nous, les gestes d'amour ou de tendresse qu'on a tant sollicités ne peuvent finalement pas apporter le réconfort qu'on en attend. « J'insiste tellement pour qu'il me dise qu'il m'aime, ou qu'il soit tendre avec moi, que finalement je ne suis même pas rassurée au moment où il le fait ; je pense qu'il ne me le dit que parce que je le lui ai demandé. » Plus une demande sera ressentie comme forte par l'autre, plus ses élans de spontanéité seront inhibés... et plus celui qui est en demande trouvera ainsi prétexte à alimenter son anxiété.

A l'image de la théorie des ensembles, l'espace commun avec l'autre doit être un troisième espace qui ne recouvre entièrement ni le nôtre, ni le sien : nous créons ensemble des instants partagés, nous sommes amoureux, amis, tendres, complices... nous formons une cellule familiale, un groupe de travail, une équipe sportive... Mais nous devons être attentifs à ne jamais réduire notre existence à cet espace commun. Si nous nous investissons dans un amour ou un travail au point de nous oublier, si nous consacrons notre vie à une cause, si nous mettons « toutes » nos forces dans un seul objectif, nous nous mettons en danger : nous risquons de nous perdre au point de ne plus savoir nous retrouver.

Notre solitude devient alors insupportable, car en dehors de cette agitation extérieure à nous-mêmes, nous ne savons plus ce qui nous définit. Nous craignons de nous retrouver face à un monde intérieur que nous jugeons inexistant, parce qu'il est devenu inexistant : un monde que nous n'aimons pas et qu'à force de fuir, nous avons fini par annihiler. « Si j'ai un moment de libre, je me trouve plein de choses à faire ; tout plutôt que de me retrouver face à moi-même. » Nous sommes plus à l'aise dans l'excitation et la lumière du jour que dans le silence et la profondeur de la nuit.

C'est ainsi qu'il peut être très difficile de retrouver le monde de la nuit : cet instant de face à face obligatoire avec soi-même est davantage source d'intranquillité que de quiétude. Au lieu de se sentir enfin à l'abri de toute sollicitation extérieure, dans le calme et l'obscurité propices à la réflexion ou aux rêves, on n'y retrouve que des sensations de frayeurs et on la peuple de fantômes inquiétants. « J'ai toujours un mal fou à m'endormir ; je ressasse tous les problèmes de la journée et je prévois déjà ceux du lendemain. En plus, je m'angoisse en me disant que je n'arrive pas à m'endormir et que je vais être encore fatigué le lendemain. » « La nuit, quand je me réveille, j'ai toujours une vision complètement dramatique de ma vie. Tous les dangers sont amplifiés, et l'angoisse est telle que je prends vite quelque chose pour arrêter de penser. » « Je suis incapable de dormir seule ; même si mon mari n'est pas là, j'appelle une copine pour qu'elle vienne dormir avec moi. C'est bête, mais seule, je me sens trop en insécurité pour pouvoir m'endormir. »

« Je n'aime pas être avec moi quand je suis seul. » Ceux qui ont toujours besoin d'une chaleur réconfortante ne voient dans la solitude qu'une sensation de froid et d'abandon. Pour eux, la réassurance ne peut venir que de l'extérieur, et elle doit être sans cesse renouvelée. Il semble que l'enfance n'ait pas été à l'origine d'une charge affective telle qu'ils la retrouvent tout en se retrouvant eux-mêmes, que les manifestations de tendresse n'aient pas été suffisamment chaleureuses pour que, ne serait-ce que par leur souvenir, elles puissent continuer à leur réchauffer le cœur.

« Nous sommes solitude » (Rilke). Une fois libéré de l'image sociale de la solitude, image négative dans le sens où elle est manque de l'autre et non choix délibéré d'être seul, notre solitude peut être riche, pleine, et nous la rechercherons ou nous saurons l'apprécier quand elle s'imposera à nous. Si nous acceptons la notion selon laquelle cette solitude est inévitable aussi bien dans la douleur que dans le désir, que l'autre, tout aimant qu'il soit ne peut partager totalement ni nos joies ni nos peines, et que dans ce que nous représentons de parfaitement unique, nous restons bien évidemment les seuls à savoir ce qui est vraiment bon pour nous, nous assumerons plus aisément cette solitude. Et mieux nous serons capables de la vivre, moins nous serons prêts à nous compromettre à tout prix pour l'éviter.

Ne pas pouvoir vivre sa solitude, cela peut vouloir dire vendre son âme à des compromissions, s'arranger d'une relation parfois avilissante, d'une haine qui fait office de lien, et d'un consensus plus proche de la mort que de la vie. Cet autre dont nous avons tant attendu n'est dans ce cas ni complice ni ami ; il n'apporte ni la chaleur, ni la tendresse que nous espérions. Ce sont l'enfermement et les limites qui donnent l'illusion d'une présence, et la solitude est d'autant plus douloureuse que le décalage est grand entre ce que nous aurions aimé vivre et ce que nous vivons, entre l'idée que nous nous étions faite d'une relation d'amour, et ce que la réalité nous apporte sans cesse comme déceptions renouvelées.

Si au contraire nous pouvons vivre notre solitude, nous sommes beaucoup plus libres de choisir notre partenaire, et de décider de ce que nous avons envie de vivre avec lui. Nous ne sommes pas confrontés à un vide tel qu'il nous faut accepter n'importe qui, n'importe quand... Un vide intérieur qui s'accompagne aussi du besoin boulimique de tout avaler presque sans discernement, de prendre tout ce qui vient par peur de perdre quoi que ce soit, d'être consommateurs insatiables de nourriture, alcool et drogues de toutes sortes, ou encore d'activités, de lieux, de gens sans cesse différents, de tout ce qui enfin peut donner l'illusion provisoire d'être « pleins ». Ce besoin est proche de l'absolu, il n'a pas de limites, il ne connaît pas la sensation de satiété ; et dans ce cas, ni l'autre quel qu'il soit, ni un plaisir le plus grand soit-il, ne peut procurer un sentiment de satisfaction.

La vraie sensation de plénitude devrait être préexistante à tout apport extérieur. Même si elle en est dépendante, elle ne doit pas l'être au point de perdre jusqu'à notre identité en cas de déception ou de manque de l'autre.

Nous sommes toujours pleins de tout ce qui nous définit, de nos qualités et de nos faiblesses, de nos désirs et de nos émotions, de nos souvenirs et de nos projets, de nos idées et de nos élans, de notre curiosité et de notre

intérêt pour le monde extérieur... Si nous pouvons apprendre à aimer suffisamment notre monde intérieur pour pouvoir être bien avec nous-mêmes, à habiter notre corps afin
de mieux profiter de toutes les sensations qu'il nous
apporte, nous sommes alors pleins de joie et de chaleur
à communiquer. Notre « présence » est à la mesure de
l'authenticité de nos sentiments, et nous pouvons ainsi
donner et transmettre ce plein d'amour et de vie.

7.

LA PENSÉE ÉQUILIBRÉE

Une pensée trop sage... ou une pensée trop folle

« Je n'arrive pas à trouver mon équilibre ; je suis toujours excessive, dans la nourriture, dans mes goûts, dans mes amours... » Nous connaissons les domaines dans lesquels nous péchons par manque ou par excès dès lors que notre pensée s'affole, ou que nous sommes dans un état de déséquilibre : une attitude boulimique face à tout ce qui est susceptible de nous remplir ou le refus d'avaler quoi que ce soit, une fuite dans le sommeil ou une excitation impossible à refréner, une demande débordante d'amour ou une retraite exagérée devant la moindre déception, une activité incessante ou une difficulté à bouger même le petit doigt...

Notre relation au temps se trouve être également perturbée : des retards s'accumulent inconsidérément et nous sommes vite submergés par une quantité toujours croissante de papiers à remplir, par toutes sortes d'engagements impossibles à tenir. Nous ne savons plus comment faire cadrer un emploi du temps exagérément chargé pour des horaires trop rigides, ou au contraire démesurément vide en l'absence de repère sécurisant dans le temps. « J'ai l'impression de courir derrière ma vie. Je me cherche, je cherche à comprendre où je vais... mais finalement je ne sais jamais où je suis. » Dans la poursuite d'une image fantomatique de nous-mêmes, nous courons vers une destination inconnue ; ou envahis par une nostalgie qui prend toujours le pas sur ce qui nous est donné à vivre, nous nous épuisons à rattraper le temps perdu.

Trop tôt ou trop tard, une longueur de retard ou d'avance sur un temps qui ne nous appartient plus, toujours décalés par rapport au temps à vivre, et par conséquent jamais là où nous sommes, nous ne sommes plus en mesure de contrôler nos pas : dans notre affolement, nous ne savons plus où nous mettons les pieds, et dans notre précipitation, au lieu d'avancer dans une direction bien précise, nous sommes pris d'une agitation excessive et le plus souvent inefficace.

« Quand je décide de faire mille choses à la fois, je réalise que je ne fais rien de bien. Je ne maîtrise plus mon temps, et je m'agite dans tous les sens, comme un moulin qui tournerait à vide. » Nous sommes dans un état d'excitation désordonnée qui rend nos gestes gauches et maladroits, excitation qu'accompagne parfois une accélération du rythme cardiaque comme du débit de parole, et qui suscite un besoin d'activité aussi boulimique qu'inépuisable, à croire que nous sommes convaincus d'être infatigables.

« Marche ou crève »... Épuisés par un rythme qui depuis longtemps n'est plus le nôtre, nous ne savons plus parfois quelles sont les raisons justifiables de nous faire perdre le souffle, ni même s'il en est qui valent la peine de tant de sacrifices ; mais nous sommes cependant incapables de mettre un frein à cette activité incessante. Et l'épuisement que nous ressentons ne fait alors qu'empi-

rer sous les charges successives que nous nous imposons...
jusqu'au jour où notre corps nous donne à voir les signes
d'un déséquilibre certain.

Sous la forme de vertiges ou d'étourdissements qui nous
font réellement perdre l'équilibre, ou encore par toutes
sortes de dérèglements qui font alterner fièvres et frissons,
accélération et ralentissement du transit, hémorragie et
absence de règles, anorexie et boulimie, perte du sommeil
et hypersomnie... notre corps montre à quel point il a
perdu tout sens de la mesure : notre horloge interne semble être provisoirement hors d'état de fonctionner.

Nous éprouvons une sensation de vide ou de trop plein,
de trop chaud ou de trop froid... Plus rien ne nous
convient, tout nous agresse : nous ne sommes plus en har-
monie ni avec nous-mêmes, ni avec le monde extérieur.
Même les objets semblent participer à cette machination
infernale d'un monde devenu hostile à notre égard : objets
qui tombent des mains, qui se cassent, que l'on perd ou
que l'on oublie... Nous avons la pénible sensation de ne
plus savoir maîtriser ni nos gestes ni notre appréhension
de l'espace.

Le monde qui nous entoure est devenu le reflet de notre
monde intérieur : tout signe de détérioration nous agresse
comme s'il représentait un danger pour notre vie psychique. Nous ne supportons plus ni le moindre désordre ni
la moindre contrariété, et nous mettons d'autant plus de
force à lutter contre tous ces éléments perturbateurs que
nous les vivons comme une menace pour notre organisation intérieure. « Dès qu'un grain de sable vient troubler
l'ordre des choses tel que je l'avais prévu, je me sens mal.
Il me faut toujours tout maîtriser ; je ne supporte pas ce
qui m'échappe. »

Les relations avec les autres sont également à l'image

de ce déséquilibre. La communication, même avec ceux que nous aimons, ne correspond plus à ce qu'elle était : heurtés, blessés, vexés dans des circonstances qui d'ordinaire ne devraient pas nous atteindre, nous avons perdu toute capacité de jugement. Les comportements des autres semblent soudain dénués de sens ; et les nôtres deviennent également incompréhensibles.

« Quelquefois je vais au bout de ma violence, comme si j'avais besoin d'appuyer à fond sur l'accélérateur. Ce n'est plus moi qui agis ; je me sens portée par une force qui me dépasse. » Certains sont surpris par leur propre violence ; ils réalisent après coup combien leurs réactions impulsives sont totalement inadaptées à la situation. Et ils ne comprennent pas toujours pourquoi ce besoin soudain de hurler leur colère ou de décharger une agressivité dont ils n'avaient pas jusque-là soupçonné la force...

Ils constatent des comportements extrémistes qu'ils se sentent incapables de contrôler : « Quand je me sens mal, je me bourre de gâteaux comme s'il fallait que j'aille au bout de mon écœurement. Je me comporte de la même manière dans mes amours ; au moment d'une séparation, comme si c'était le seul moyen de guérir, je m'aperçois que je fais de telle sorte d'être complètement écœurée par le comportement de l'autre. »

Tout ou rien, ils ne sont plus dans la nuance et la mobilité. Ils ne connaissent ni satiété ni limites. « Je suis comme les enfants, quand je commence à trouver du plaisir dans quelque chose, je suis incapable de m'arrêter. Je commence une plaque de chocolat, il faut que je la termine ; je bois un verre de vin et je suis capable de finir la bouteille. Dans mes relations affectives, j'ai là encore l'impression d'avoir une demande insatiable, comme une soif que rien ne peut étancher. »

Et par réaction, se sachant incapables de se limiter, ils arrêtent tout ; attitude qui est vivement recommandée aux alcooliques, et ce avec raison, mais qui, pour tout ce qui concerne certains plaisirs de la vie, devient quelque peu arbitraire. « Je sais que je suis incapable de me contrôler, alors je préfère rester à l'écart de toutes tentations : c'est pour cela que je me contrains à avoir des règles de conduite très strictes. »

Il est possible de trouver ainsi une forme d'équilibre, mais à quel prix ? Par crainte, ayant goûté les fruits défendus, d'en être désormais dépendants, ils se ferment à toute sollicitation extérieure, à tout ce qui pourrait, un tant soit peu, remettre en cause les défenses qu'ils se sont peu à peu construites. Ils craignent de surcroît, s'ils s'autorisaient à laisser s'échapper un tant soit peu ce flot d'émotions trop longtemps retenu, qu'une fois libéré, ils ne puissent plus en contrôler le débit tumultueux ; comme s'ils craignaient d'ouvrir certaines vannes et de ne plus être ensuite capables de les fermer à volonté.

Et puis il y a toute la souffrance qui pourrait résulter d'une impossibilité à poursuivre un état de bien-être. Que réserve l'avenir ? Ne prennent-ils pas le risque d'être à nouveau blessés ? N'auront-ils pas à regretter une félicité trop passagère ? Ne sont-ils pas condamnés à subir ensuite des frustrations d'autant plus insupportables qu'il leur faudra renoncer une fois de plus à ce qui leur tient le plus à cœur ?

La souffrance à éviter l'emporte sur tout plaisir potentiel : par crainte de perdre un jour ce qu'ils ont acquis, ou de découvrir un paradis pour le voir ensuite disparaître, ils préfèrent se défendre de toute illusion d'un bonheur possible. « Je ne veux pas me donner la possibilité d'être heureuse, car je sais qu'un jour je pourrais ne plus l'être. » Tout plaisir est pour eux irrémédiablement suivi d'une sensation de manque, et toute plénitude rend insupportable l'idée d'un vide qui pourrait lui succéder.

Les élans finissent par être tellement retenus, et l'existence si monocorde qu'ils en arrivent parfois à regretter... ce qui serait un petit grain de folie : « Je rêve de pouvoir vivre dans des montagnes russes, de connaître la fièvre de l'attente, le trac avant un rendez-vous important, l'espoir de quelque chose qui changerait ma vie, qui m'apporterait enfin quelque chose de nouveau ! »

Ils souffrent alors de ne pas faire partie de ceux qui se jettent à corps perdu dans des aventures, ceux qui « vivent à cent à l'heure », ceux dont « la vie est un roman », ceux qui leur donnent la sensation, par effet de comparaison, d'être impuissants à vivre. « Je suis trop équilibrée, trop constante, immuable. J'ai voulu tout éviter, j'ai réussi : rien ne se passe. Et c'est finalement très dur à vivre. » « Je ne m'engage jamais dans rien ; mais je me sens mal de ne rien vivre. Et je finis par envier les déchirements de ceux qui s'aiment passionnément... même les larmes des amants qui se séparent : quel n'a pas dû être leur bonheur pour qu'ils soient maintenant si malheureux ! »

Ils aimeraient tant pouvoir exprimer leurs émotions... mais ils en sont devenus incapables : « Quelle merveille de ne plus tout contrôler, de se laisser aller à la force de ses sentiments, de vivre ses rêves au lieu de se contenter de les rêver ! » Ils exercent un tel contrôle en permanence sur leurs faits et gestes qu'ils n'ont même plus conscience de ce qu'ils se refusent à vivre ! « Je suis incapable de suivre autre chose qu'une ligne droite, je ne me donne aucune liberté d'action. Je me persuade ainsi que personne ne pourra me faire de reproches ; tandis que moi, du haut de mon piédestal, je peux continuer à critiquer et à juger les autres... Mais finalement je me demande ce que moi, je suis capable de vivre ! »

S'il est une distance utile et même indispensable pour ne pas se lancer dans des aventures à l'évidence vouées à l'échec, il en est une qui, si elle est excessive, devient vite synonyme d'ennui, de platitude et de monotonie : cette attitude de repli, si elle met hors d'état de souffrir, met également hors d'état de vivre. Et le risque finit par être de ne plus vouloir en prendre aucun, de ne plus savoir en prendre aucun. « Je n'ai même pas à dire non à quoi que ce soit, mes élans sont immédiatement censurés ! Je ne sais même plus ce que j'ai envie de vivre, une force qui m'échappe va jusqu'à m'empêcher d'y penser. »

La pensée contrôlée

D'où vient ce contrôle excessif qui empêche d'agir comme nous le souhaiterions, et qui semble même aller parfois à l'encontre de notre désir ? « Je suis incapable de me laisser aller ; je sens bien que je ne suis jamais vraiment détendue. Dans mon enfance, il n'y avait que des interdits, tous mes élans spontanés étaient arrêtés ! Tous mes actes, en dehors de ceux qui étaient commandés par le devoir, étaient chargés de culpabilité ! J'ai appris par conséquent à sans cesse me contrôler... Peut-être est-ce pour cette raison que j'ai perdu le sommeil... et que j'ai une constipation chronique ? » Certaines éducations rigides et autoritaires, qui valorisent la retenue et la mesure, qui condamnent tout débordement instinctif et émotionnel pour ne reconnaître que ce qui est de l'ordre du devoir, ont peu à peu interdit au corps le moindre laisser-aller.

Peu à peu ont été censurés, pour finalement totalement disparaître, certains comportements spontanés. Et le corps a pris la mauvaise habitude, face à ces interdits successifs, de bloquer lui aussi certaines de ses fonctions ; au point que certaines d'entre elles qui lui étaient naturelles finissent par être totalement inhibées.

Pour ceux qui souhaitent ensuite lâcher prise avec cette censure devenue quasi permanente, le corps ne répond plus à leur demande. L'insomnie, la constipation, l'impuissance, une grossesse désirée qui se fait trop attendre... sont autant de fonctions naturelles contrariées qui échappent à tout contrôle ; et ce d'autant plus si l'on fait intervenir la volonté.

« Je ne sais plus comment on fait pour dormir ! » Plus on s'obstine à retrouver le sommeil, plus la fixation sur ce symptôme, et l'obsession qui en résulte, s'opposent justement au laisser-aller indispensable à cet endormissement. On est anxieux d'obtenir un résultat qui, par l'effet même de cette anxiété, ne permet pas d'obtenir ce que l'on désire : la tension qui en résulte va à l'encontre de la détente nécessaire pour pouvoir retrouver le sommeil.

Et on risque ainsi de perdre peu à peu toute confiance et toute patience devant ce corps qui ne veut plus obéir. Or pour rompre cet enchaînement pathologique, il faut justement redonner confiance au corps et attendre avec patience, et dans le calme, qu'il retrouve ses fonctions naturelles. Il faut peu à peu effectuer une sorte de déconditionnement : apprendre un autre comportement que celui qui a été inculqué pendant toute l'enfance.

Il se peut en effet qu'une mère ait communiqué à son enfant, dès son plus jeune âge, certaines de ses angoisses concernant le fonctionnement de son tube digestif ! Il a ressenti son affolement devant une constipation qu'elle jugeait immédiatement alarmante; et il a pris ensuite l'habitude de s'inquiéter dès lors qu'un retard inconsidéré venait troubler un fonctionnement régulier, seule garantie selon lui d'une bonne santé.

Dans *La Maladie, l'Art et le Symbole**, Groddeck insiste sur l'absurdité d'une telle inquiétude : il énumère les raisons qui doivent au contraire permettre d'attendre sans anxiété le rétablissement d'un fonctionnement normal. Il relate l'expérience qu'il fit avec un nouveau-né, où, refusant d'adhérer à l'anxiété de la mère devant la constipation de son enfant, il décida d'attendre sans intervenir le retour des selles; celles-ci revinrent à partir du septième jour. « Que l'enfant prenne plaisir à retenir volontairement ses selles... il n'y a pas grand-chose à faire là contre, il faut s'armer de patience; la patience est l'arme véritable du médecin. Avec la patience, on triomphe des adultes et des enfants. Et, si on ne se laisse pas emporter par la peur, il n'est pas trop difficile de l'appliquer. Si l'on s'est bien rendu compte qu'il n'y a qu'un seul orifice, par où devront venir de toutes les façons les excréments, et si l'on se rappelle combien le gros intestin est extensible, et quelle masse est nécessaire pour qu'il soit plein, si l'on a sérieusement examiné la fable qui affirme que les fèces durcissent après un trop long séjour dans l'intestin... et si l'on a vérifié les contes de bonne femme sur l'auto-intoxication par rétention des matières fécales, et réduit ces contes à leur peu de vérité... si l'on garde tout cela présent à l'esprit, on ne perdra pas facilement patience... et l'on n'aura pas trop volontiers recours au médicament ou au clystère. »

Bien souvent, certaines éducations laissent entendre

---

* *Op. cit.*

qu'une hygiène quotidienne fait partie de ces règles de vie qu'il faut rigoureusement respecter, sous peine d'être en dette avec son corps. Ceux qui sont élevés dans l'idée que tout se paye, et surtout le plaisir, sont ainsi amenés à tenir une comptabilité serrée de ce qui rentre et ce qui sort ; de même qu'ils n'ont rien sans rien, ils ne se dépossèdent ensuite que très difficilement de ce qui leur appartient.

Par extension, à l'image de cet excès de contrôle sur leur tube digestif, ils ressassent leurs peurs et ils ne peuvent lâcher prise avec certaines préoccupations obsessionnelles qui, à leur façon, alimentent régulièrement leur pensée... Même les torts qu'ils ont subis, ils les ruminent au point de s'empoisonner la vie... mais sans pouvoir toutefois y renoncer.

Or ceux qui sont le plus préoccupés par le bon fonctionnement de leur intestin finissent justement par obtenir l'effet inverse de celui qu'ils désirent. Leur volonté de maîtrise sur ce qui se doit d'être naturel a pour effet d'aller à l'encontre de ce naturel, et provoque alors ces désordres qu'ils redoutent tant. Qu'ils essaient d'oublier leur intestin et ils verront que celui-ci se fera un plaisir de les laisser tranquilles !

Notre corps possède une autorégulation naturelle dont dépend notre équilibre physiologique : certaines constantes biologiques restent stables alors que nos conditions de vie et notre alimentation varient sans cesse. De même, la coordination parfaite de nos mouvements obéit à une série d'automatismes réflexes qui fonctionnent d'autant mieux que nous les laissons faire ! Si par exemple au moment de prendre un objet nous devions décomposer tous les mouvements de notre main, nous verrions inéluctablement notre main ralentir son geste jusqu'à ne plus être capable d'avoir les mouvements adaptés à la situation.

Notre cerveau est capable de traiter un nombre infini de données, et cela avec une rapidité stupéfiante ; ces opérations mentales se font pour la plupart hors de notre conscience, et bien entendu en l'absence de tout contrôle de notre part. Mais cette mécanique, si complexe et si subtile, peut être ralentie ou même empêchée par la pensée volontaire ; nous en faisons l'expérience, par exemple, à chaque fois que nous voulons retrouver un mot oublié... et que celui-ci ne revient en mémoire qu'à l'instant même où nous ne le cherchons plus. « Le plus souvent, je sais que je connais la bonne réponse, je sais qu'elle est là enfouie quelque part dans mon cerveau ; mais plus je me creuse la cervelle pour savoir ce que je dois faire ou dire... plus j'ai l'impression d'avoir la tête vide. Alors j'attends que la réponse finisse par s'imposer d'elle-même. »

Parfois, nous voudrions tellement bien faire... que malheureusement ce vouloir trop inhibe plus qu'il n'aide. De même que de vouloir dormir ou nous remémorer un mot oublié fait fuir le sommeil et s'échapper le mot désiré, de même, une tension trop forte vers ce qui nous tient particulièrement à cœur nous empêche d'avoir l'esprit suffisamment libre pour que s'impose à nous la solution la mieux adaptée à la situation.

Là où nous désirerions être particulièrement performants, parce qu'il en va de notre avenir ou qu'il s'agit d'une relation très investie sur le plan affectif, nous constatons avec douleur que nos facultés nous échappent. « Quand j'ai un rendez-vous, j'ai tellement peur de ne pas être à la hauteur que je prévois toutes les réponses possibles à ce que l'autre pourrait me demander. Et je suis tellement contracté que le moment voulu, plus rien ne me vient à l'esprit. Ce n'est qu'ensuite, quand je me retrouve seul, que je sais enfin ce qu'il m'aurait fallu dire. »

Si nous sommes déjà peu sûrs de nous, nous perdons encore davantage confiance en nous. Nous sommes peu à peu convaincus de n'être « bons à rien ». La peur de mal faire, ou ce qui est devenu une certitude de mal faire, nous fait oublier toutes les potentialités qui sont en nous : notre a priori négatif nous empêche de laisser affluer à notre esprit les idées positives et constructives. « J'ai toujours l'impression d'avoir un petit bonhomme avec moi, et que c'est lui qui réprime tous mes actes. Il me coupe dans mes élans, insiste sur le fait que je suis un incapable, et pour mieux me convaincre, il va même jusqu'à me rappeler les échecs de mon passé... »

Nous sommes à nouveau envahis par certaines réflexions négatives qui ont bercé notre enfance et notre adolescence, par les interdictions répétitives que nous avons dû subir, ou encore les insatisfactions dont nous avons sans cesse été l'objet. « J'entends toujours une voix qui me dit : « Ne fais pas ça... Tu perds ton temps... Ce n'est pas bien... Tu pourrais mieux faire... Cet homme n'est pas pour toi... La voix de ma mère est là en permanence, une voix qui exprime sa désapprobation par rapport à mes actes. »

Désapprobation qui a d'autant plus d'impact sur nous qu'elle est insidieuse... et ne laisse souvent aucune porte de sortie. Nous sommes poursuivis par des injonctions, le plus souvent contradictoires, qui nous poussent à agir dans un sens... tout en nous incitant également à agir dans un autre. « J'ai entendu toute mon enfance : ''Ne sors pas sans arrêt'', mais aussi ''Ne reste pas là à ne rien faire'' ! Et maintenant je me sens toujours coupable, aussi bien de rester chez moi que de sortir. »

Et nous portons sans cesse sur nous le même regard critique : « J'imagine toutes les critiques que l'on pourrait me faire, mais je sais que ces critiques sont justement celles que je suis toujours prêt à me faire. » « Je me reproche tout ce que je fais : je me dis que je ne travaille pas assez, que je n'ai pas été assez gentil avec untel, que je n'aurais pas dû dire ça... »

Ce regard censeur que chacun de nous porte sur lui-même, regard démultiplié en autant de personnages prêts à nous montrer du doigt, de même que ces voix intérieures qui, tel un chœur antique, amplifient nos erreurs et dramatisent le moindre de nos doutes, tous ces autres, vécus comme des persécuteurs potentiels, nous empêchent d'agir et de penser librement.

Dans cette volonté de bien faire, ou plutôt dans la hantise permanente de mal faire, nous aimerions que notre raison soit toute-puissante ; nous voudrions n'être jamais débordés par des émotions mal à propos, ne pas donner prise à la moindre critique par un comportement qui pourrait paraître irrationnel. « Je suis toujours raisonnable, trop raisonnable ; je sais que c'est une façon pour moi de me protéger de toute réflexion de la part des autres... je me voudrais inattaquable. »

Certains voudraient toujours donner d'eux une image parfaite : ils veulent offrir au regard des autres une apparence lisse et impeccable, et surtout ne jamais laisser entrevoir ce qu'ils considèrent être leurs faiblesses. Par conséquent ils fuient tout ce qui pourrait les amener à ne plus se contrôler, toute situation susceptible de mettre en évidence leur émotivité.

« Je n'avais pas d'autre choix que de me renfermer dans ma coquille ; sinon c'était le désastre, le drame en permanence, l'affrontement pour tous. Et j'ai pris l'habitude de toujours tout retenir, au point que je me sens maintenant amorphe, engourdi, inhibé, comme si j'étais enfermé dans une gangue. » Fermé aux sollicitations extérieures, ils excluent d'emblée toute forme de demande qu'ils vivent comme une menace pour leur fragile équilibre. Que ne va-t-on pas exiger d'eux ? Ne vont-ils pas être mis à l'épreuve, contraints d'exprimer ce qu'ils pensent être inexprimable, ou pressés de donner ce qu'ils se sentent incapables de donner ?

C'est ainsi qu'ils éliminent peu à peu, le plus souvent sans en avoir conscience, tout ce qu'ils jugent susceptible de les atteindre au-delà des limites du supportable, allant même jusqu'à redouter le pouvoir de la musique ou de la peinture sur leurs sens ; ils craignent d'être bouleversés par des sensations nouvelles et inattendues, des émotions qui feraient jaillir d'eux des larmes ou des rires incontrôlables... ou encore des désirs impossibles à assouvir. « Quand je me sens mal, je ne peux entendre la moindre note de musique : elle pénètre en moi comme un coup de couteau, réveillant toutes mes douleurs. »

Ils ne veulent rien laisser entrer en eux qui puisse mettre à nu leur sensibilité, rien qui puisse les toucher au point de faire fondre leur carapace. Ils préfèrent continuer à s'abriter derrière un raisonnement d'une logique implacable, prêts même s'il le faut à être de mauvaise foi : tout plutôt que de se laisser entraîner, selon eux, hors du droit chemin. « Je sais qu'il faut toujours que j'aie raison ; et j'adore ce jeu de l'esprit qui consiste à tout faire pour convaincre l'autre... même si je sais pertinemment au fond de moi avoir tort. »

Mais derrière cette défense de façade, au-delà de cette image illusoire de force et d'invulnérabilité dont ils ne sont eux-mêmes pas dupes, ils bouillonnent de sentiments multiples qui se pressent et s'agitent dans leur esprit, envahis par des émotions qui ne peuvent que souffrir d'asphyxie à être ainsi mises sous silence.

Cette part irrationnelle d'eux-mêmes qui les inquiète par tout ce qu'elle représente à la fois d'inconnu et d'impossible à maîtriser, croient-ils qu'à la faire taire, ils puissent ainsi l'annuler indéfiniment ? Ne pensent-ils pas au contraire qu'à faire sans cesse intervenir la raison pour que n'émerge jamais à leur esprit ce qu'ils pensent être de folles pensées, ils ne donnent à celles-ci toute la force et l'ampleur qu'ils redoutent tant qu'elles prennent ?

Chercher à nier des idées ou des pensées qui ne demandent qu'à s'exprimer aboutit le plus souvent à ce qu'une fois libérées, elles s'échappent avec d'autant plus de violence que l'on aura mis d'énergie à vouloir les étouffer. Et n'est-il pas finalement dangereux de vouloir exercer un tel contrôle sur ses émotions que l'on perde justement tout pouvoir sur leur mode d'expression ? « Plus je retiens longtemps en moi certaines vérités difficiles à dire, plus elles sortent ensuite avec une violence que je suis incapable de maîtriser. »

Nous ne pouvons que nous réjouir d'avoir un cerveau capable de nous protéger de certains affects douloureux, que ce soit par l'intermédiaire de l'oubli, ou d'autres mécanismes de défense mis en place pour atténuer des souffrances insupportables. Et comment ferions-nous en effet si nous n'avions grâce à lui le pouvoir de calmer nos passions et de refréner nos pulsions ?

Mais encore faut-il que ce contrôle ne soit pas exagéré, car dans ce cas nous oblitérerons toute une part émotionnelle de notre vie psychique, et nous risquons peu à peu de n'être plus que des robots socialisés et productifs. D'autant que ce qui nous semble impudique ou ridicule est déjà variable d'une civilisation à l'autre, et même d'une époque à l'autre ; au Moyen Age, toutes les expressions des émotions tels les larmes, les cris, ou les gesticulations particulièrement spectaculaires étaient non seulement acceptées mais fortement encouragées. Et peut-être étaient-elles, comme elles le sont dans certains pays et particulièrement en Afrique, déjà reconnues dans leur fonction thérapeutique.

La retenue de nos émotions, même si elle s'accorde aux mœurs de notre pays et de notre temps, ne doit jamais être telle que nous ne sachions plus nous-mêmes ce que nous ressentons ; sous prétexte de n'entendre que notre raison, nous finissons par nous mentir à nous-mêmes en nous racontant ce qu'il serait peut-être bon de croire, mais qui ne correspond aucunement à la réalité de nos sentiments.

Nous refusons ainsi de constater le déplaisir qu'il peut y avoir à vivre une situation dont nous avons décidé, a priori, qu'elle devait nous être agréable ; et inversement, nous cherchons à nous convaincre que nous n'éprouvons aucun désir dans une situation où notre corps tout entier hurle le contraire. Nous sommes ainsi toujours en porte-à-faux avec nous-mêmes, et nous nous rendons de plus en plus malheureux à aller sans cesse à l'encontre de nos propres désirs.

La pensée créatrice

Etre davantage à l'écoute de nos sensations ne signifie en rien annuler notre capacité de raisonnement, et encore moins suivre aveuglément des croyances absurdes qui nous séduiraient d'autant plus qu'elles sont déraisonnables. « Maintenant, j'ai appris à faire confiance à ce que je ressens et j'obéis à mes intuitions. » Il est tout à fait possible de tenir compte de ses intuitions comme de ses sentiments, tout en conservant tous les bénéfices d'une pensée logique et rationnelle ; d'autant que pour satisfaire ses désirs, il faut le plus souvent user de toute son intelligence... et qu'il est impossible de dissocier le travail mental et le monde de la sensation, un jugement rationnel et une connaissance qui serait davantage de l'ordre de l'intuition. Comment envisager un travail intellectuel qui n'utiliserait pas sans cesse les informations que lui apportent les sens, le cerveau étant seul capable de les mettre en mémoire, de les classer, de les analyser, et surtout d'en apprécier toute la richesse ? Et il n'est pas de construction imaginaire, mise en forme d'une idée, élaboration d'un système de pensées, qui ne s'accompagne de tout un cortège de sensations : aussi bien les douleurs qui sont celles d'un accouchement que les satisfactions profondes que procure toute œuvre aboutie.

Toute création n'est-elle pas le produit d'un travail acharné et de cette intuition fulgurante qu'est l'inspiration ? Ne permet-elle pas de faire l'expérience de cette autre partie de nous-même qui vit, pense, crée... en continuité avec la volonté de créer, mais échappant toujours un temps à cette volonté ? « C'est pas volontaire, c'est malgré moi... Ce n'est pas l'œil qui surveille la main, non, c'est l'œil qui suit la main. J'y vais sans réfléchir ; mais en même temps, je sais où je vais... » (Giacometti, entretien télévisé).

Le travail préalable, qui peut être laborieux pour ne pas dire douloureux, est totalement indispensable à cette émergence soudaine du mot juste, ou de la note parfaite : il semble que nous mettions en marche un système qui va ensuite, sous l'effet de cette impulsion, être capable de fonctionner de façon autonome. Ne voyons-nous pas en effet s'imposer à nous telle image, telle phrase, tel mouvement, telle musique... à l'instant même où nous croyons cesser tout effort de réflexion ? La réflexion peut parfois succéder à l'élan créateur et non le précéder : « Ce n'est qu'après coup que je comprends pourquoi j'ai écrit certaines paroles de mes chansons ; sur le moment, elles me viennent sans réfléchir. »

Ne sommes-nous pas alors le spectateur privilégié d'une création qui s'impose à nous comme si nous étions enfin récompensés de nos efforts passés par une inspiration quasi divine ? N'avons-nous pas la sensation d'être le transmetteur d'un message venu d'ailleurs, message dont nous essayons d'être l'interprète le plus fidèle possible...?

Pourquoi ne pas faire confiance à notre propre inspiration ? Même si nous ne créons pas une œuvre d'art, elle est là pour nous guider dans les choix de notre vie, indispensable à toutes les décisions importantes que nous devons prendre. Mais pour qu'elle accède à notre conscience, il peut être préférable de limiter les effets parfois inhibiteurs d'une pensée trop rationnelle ou volontaire, et de faire notre possible pour lui laisser le champ libre : si nous nous laissons envahir par des préoccupations insignifiantes et dispersantes, si notre esprit est sans cesse occupé par tout ce que nous devons faire ou ne pas faire, si nous ne laissons aucune liberté à notre mode bien personnel d'expression, si enfin, dans l'impatience ou l'affolement, nous ne nous donnons pas le temps nécessaire pour que s'impose l'idée juste ou la décision adaptée à la situation, comment pourrions-nous être en communication avec ces forces créatrices qui nous habitent ? Comment pourrions-nous trouver la forme la plus appropriée à l'expression de notre pensée ?

Parfois, des « états seconds », provoqués par l'absorption d'alcool ou la prise de certaines drogues, peuvent favoriser l'émergence des idées créatrices ; de même la colère, la tristesse et même le désespoir permettent de dire ce qui ne pourrait être dit dans un état « normal » : les barrières consécutives à une autocensure plus ou moins permanente semblent être ainsi transitoirement levées.

Une sensation physique de calme procure également une disponibilité au monde extérieur et rend possible l'apparition d'idées nouvelles, idées jusque-là étrangères à notre propre pensée. Nous ne sommes plus sans cesse sur la défensive, toujours sur le qui-vive, obsédés par l'idée de vaincre ou plutôt par la peur viscérale de perdre. Nous sommes libérés de certains a priori qui ont peu à peu déformé notre pensée et ne nous font voir la réalité qu'à travers notre seul et unique point de vue.

« Quand je ne serai plus autant préoccupée de moi-même, je pense que tout ira beaucoup mieux. Il faut que je réapprenne à avoir des comportements généreux ; je ne m'étais jusque-là concentrée que sur moi car je défendais une place et une existence que je sentais sans cesse remises en cause. » Dans l'obsession de ce qu'ils veulent prouver aux autres ou se prouver à eux-mêmes, certains nient ce que peuvent être les désirs et les limites de l'autre : ils sont incapables de s'abstraire de leurs préoccupations personnelles pour avoir la générosité de penser à l'autre.

Envahis par une interrogation permanente quant à l'amour qu'ils sont susceptibles de provoquer chez l'autre, et la reconnaissance qu'ils sont en droit d'en attendre, leur attente est telle qu'elle ne leur permet pas de voir l'autre tel qu'il est, ni chaque acte pour ce qu'il représente réellement. « Il faudrait que j'accepte un jour de voir les choses comme elles sont ; cela m'éviterait des explosions d'humeur quand je constate qu'il existe un trop grand hiatus entre ce que je me suis imaginé d'une situation et ce qu'elle est réellement. » Une interprétation des faits ou des dires de l'autre qui n'est fonction que de notre propre histoire nous amène à souffrir d'une attitude ou d'une réflexion à laquelle nous donnons une explication qui n'est pas la bonne.

L'autre est toujours potentiellement dangereux : nous le chargeons d'emblée de toute la cruauté de ceux qui dans le passé nous ont fait du mal, et nous voyons rejet et abandon là où il n'y en a pas. « Dès qu'il ne peut pas me voir, je me dis qu'il préfère être avec quelqu'un d'autre, qu'il ne m'aime pas assez pour me donner ce que je désire, que la terre entière passe avant moi... Et je m'aperçois ensuite que toutes ces histoires que je me raconte sont totalement fausses, et que je me fais du mal pour rien. »

Il n'est jamais facile d'accepter la différence : nous nous identifions parfois à l'autre par des ressemblances que nous croyons à tort reconnaître, et nous nous mettons ainsi à sa place, croyant savoir ce qu'il ressent mais qui n'est en réalité que le reflet de nos propres sentiments. « J'adhérais tant au malheur de l'autre en pensant être à sa place totalement incapable de vivre ce qu'il vivait, que la peur et l'angoisse me faisaient fuir sa présence... Comportement dont je me sentais ensuite très coupable. Maintenant, je fais la différence entre l'autre et moi, ce qui me permet d'écouter ce qu'il me raconte, simplement, en essayant de faire de mon mieux pour l'aider. »

Il faut paradoxalement prendre de la distance vis-à-vis

de l'autre pour pouvoir s'en approcher ; trop près, il est impossible d'avoir la distance nécessaire pour le voir tel qu'il est. Tout contre l'objet de notre désir, nous ne pouvons le voir que tel que nous aimerions qu'il soit, miroir idéal de nos espérances... Nous sommes alors dans une relation fusionnelle qui ne laisse à l'autre ni le temps nécessaire pour qu'il puisse prendre conscience de ses propres désirs, sans cesse devancés par les nôtres, ni l'espace suffisant pour qu'il puisse faire des pas dans notre direction.

Certains ne supportent pas l'absence ; dès qu'un éloignement met trop de temps ou d'espace entre eux et l'autre, ils craignent de se perdre eux-mêmes en même temps que l'objet de leur amour : totalement identifiés à lui, ils n'existent plus qu'à travers lui, qu'à travers sa présence et la reconnaissance qu'ils en ont. « Si je réussis avec elle, je réussis ma vie tout court. »

L'espace extérieur est parfois vécu comme une prolongation de l'espace intérieur ; soit il faut le remplir sans cesse par la présence de l'autre, soit toutes les forces sont concentrées pour le défendre de toute intrusion. Et dans ce cas, toute approche inconsidérée de cet espace est vécue comme une agression ; il faut toujours garder vis-à-vis de l'autre une distance telle qu'elle puisse préserver de toute attaque potentielle, comme de toute parole ou acte susceptibles de provoquer de nouvelles blessures.

Mais si cette distance est rassurante, elle n'en est pas moins limitative : et cette attitude de retrait excessive finit par engendrer un malaise encore plus inconfortable que celui qu'elle était censée annuler. « J'ai toujours besoin de maintenir une certaine distance avec les autres ; je ne supporte ni d'être critiqué, ni d'être félicité. Je veux qu'on me laisse tranquille, et en même temps, je ne supporte pas que l'on ne s'occupe pas de moi. La marge de bien-être est bien étroite ! »

Toute attitude dans les relations avec les autres ne trouve sa justesse que dans l'absence d'excès, ou plutôt dans la nuance subtile entre deux tendances qui peuvent très vite devenir excessives. S'il est indispensable que nous sachions nous défendre, il ne faut cependant pas être toujours sur la défensive... Si nous devons nous préoccuper de ce que les autres ressentent, nous ne devons pas aller jusqu'à nous oublier... Si nous devons être disponibles, nous ne devons pas être à la disposition d'autrui... S'il nous faut être capables de donner, il ne faut cependant pas trop donner, et s'il faut savoir exiger, il faut aussi éviter d'être trop en demande...

Cet équilibre si difficile à trouver entre soi et les autres n'est bien sûr que la conséquence de ce qui constitue son propre équilibre intérieur ; de même que le besoin de s'appuyer sur des structures toujours extérieures à soi est à l'image d'une absence de structure intérieure. Pour ne tomber ni dans l'excès ni dans la maladie, peut-être faut-il trouver en soi cette réassurance que l'on attend parfois trop des autres, et se donner des moyens de trouver son propre équilibre avant que d'espérer l'atteindre dans sa vie relationnelle.

8.

LA PENSÉE LIBÉRÉE

« Partir, c'est mourir un peu »

« Je ne comprends vraiment pas pourquoi j'agis ainsi ; mais c'est plus fort que moi ! » « J'ai la sensation d'être comme une alcoolique qui tout en sachant qu'elle l'est, et en le réprouvant, ne peut cependant pas s'arrêter de boire. » Jusqu'à quand nous faudra-t-il laisser cet autre nous-même nous entraîner dans un comportement relationnel qui ne nous apporte plus que des souffrances répétitives ? Jusqu'où faut-il laisser notre vie nous échapper au point qu'elle ne correspond plus en rien à ce que nous étions, à juste titre, en droit d'en attendre ?

« Ce ne sont pas des autres dont je me méfie, c'est de moi-même... Je suis mon principal ennemi. » « Je sais que même si je reproche à mon entourage de me compliquer la vie, en réalité c'est moi qui me la rends impossible. » Qu'en est-il devenu de notre liberté de mouvement ? Quel est ce piège qui nous semble imposé de l'extérieur, mais qui n'est que la conséquence de toutes les contraintes que nous nous imposons à nous-mêmes ?

Si certains comportements sont partie constituante de notre caractère, et un caractère, dit-on, ça ne se change pas, il en est d'autres, déformations consécutives à notre éducation, qui nous imposent trop de souffrances inutiles pour ne pas nécessiter quelques transformations. Pour nous être pliés si longtemps à toutes les demandes qui nous ont été faites, nous avons fini par exiger de nous de tels efforts d'adaptation qu'il n'est guère étonnant de voir un jour notre corps se tordre de douleurs !

Et s'il n'y avait des limites à ce que nous pouvons supporter, si le corps, par ses réactions, ne nous obligeait à prendre conscience de ces limites, nous risquerions de nous éloigner peu à peu de nous-mêmes, habitués à supporter sans plus nous en rendre compte des situations que nous n'avons en rien décidées. Au point que l'absence d'adéquation entre ce que nous aimerions faire et ce que nous nous donnons le droit de faire, entre ce que nous voudrions exprimer et ce que nous nous donnons la liberté de dire, deviendrait telle que nous n'aurions même plus l'idée de ce que nous désirons.

Notre corps fait écho par ses manifestations à une insatisfaction profonde dont nous ne sommes pas toujours conscients ; mais il ne nous est pas toujours aisé de l'entendre car il existe un phénomène réflexe de résistance face à toute idée de changement. Nous préférons parfois ne rien voir de ce qui nous contrarie plutôt que d'avoir à réagir en conséquence par ce qui serait un bouleversement trop important dans notre vie.

Toute période précédant un changement, ou même toute idée de changement, nous met dans un tel état d'instabilité et d'angoisse que nous serions presque désireux à cet instant de conserver certaines conditions même déplorables de notre mode de vie. Tant que nous ne sommes pas encore familiarisés avec de nouveaux visages, de nouveaux lieux, ou de nouvelles situations, nous sommes envahis par une pénible sensation d'insécurité : celle d'être face à l'inconnu, face à un monde qui nous est étranger, et par conséquent effrayant.

« J'aimerais ne rien changer à mes habitudes ; elles font partie de moi, elles me rassurent, elles me donnent la sensation de me connaître. » ... Même si nous ne pouvons plus nier ce qu'il comporte de douloureux et même d'insupportable, ce monde qui nous est devenu familier est chargé de lieux qui nous appartiennent et de repères qui nous permettent en permanence de nous retrouver. La perte de ce qui a fait un temps partie de notre définition, nous la vivons comme un deuil ; elle est la concrétisation de ce qui ne sera jamais plus, la fin irrémédiable d'une partie de notre vie. Changer, c'est mourir un peu.

Cette séparation, séparation d'avec un être aimé, séparation d'un lieu d'habitation lors d'un déménagement, séparation dans le cadre d'un changement de vie, mariage, enfant, changement professionnel, séparation même provisoire d'avec nos références quotidiennes lors d'un voyage... tous ces passages d'un état à un autre sont comme une mutation que nous vivons douloureusement.

Nous nous étions installés dans un « à peu près » qui avait au moins comme fonction de nous apporter un confort relatif ; il va falloir le remettre en question pour découvrir d'autres horizons, pour redéfinir un nouveau territoire. Et tel un animal qui tant qu'il n'y a pas mis ses marques ne se sent pas en pays de connaissance, il faut un temps nécessaire pour le faire nôtre, pour ne plus le voir comme un monde hostile et inquiétant.

C'est ainsi que, dans la peur de déranger notre petit monde familier, nous sommes parfois incapables d'une mobilité quand elle est nécessaire ; et le bien-être acquis dans la sécurité de l'habitude devient alors mal-être par la permanence même de ces habitudes qui, maintenant, ne sont plus adaptées à nos désirs. « Avant je ne supportais pas les changements ; j'aimais les lieux sécurisants, les gens sans surprise. Maintenant que j'ai expérimenté quelques changements, je n'en ai plus peur ; et c'est même devenu une habitude. Je sais qu'il est un temps où il est préférable pour moi d'aller voir ailleurs, de découvrir d'autres modes de fonctionnement. »

Nos désirs évoluent sans cesse en fonction de tout ce qui évolue autour de nous, et cette évolution, il nous faut l'intégrer dans notre propre évolution. En maintenant une situation identique alors que celle-ci ne nous convient plus, nous ne pouvons que ressentir tensions et malaises : il faut non seulement réprimer ce qui nous tient à cœur, mais faire de surcroît des efforts permanents pour trouver encore du plaisir là où le plaisir n'est plus.

Ce que nous vivons est comparable à ce que nous pourrions éprouver en retournant dans une maison déjà habitée où, même si nous y avons été très heureux, nous ne souhaitons pas vivre à nouveau : l'investissement disparu, le désir évanoui, la contrainte que nous nous imposons à demeurer là où nous n'avons plus envie d'être finit par nous épuiser ; et elle peut même parfois nous rendre malades.

« Quand je tombe malade, je sais que c'est une façon pour moi de mettre ma vie entre parenthèses ; je remets à plus tard une décision qu'il m'est très difficile de prendre, mais que je sais être irrévocable. » Des manifestations physiques sont alors l'expression de cet enfermement progressif : notre cœur bat la chamade, nous tremblons d'impatience et nous cherchons essoufflés une porte de sortie à une rage trop longtemps contenue. « J'étouffe, je ne sais comment sortir d'une situation dans laquelle je me sens aliénée ; j'ai l'impression que mon corps va finir par exploser ! »

Le mouvement qui s'est peu à peu constitué est fermé sur lui-même : il va à l'encontre de notre besoin naturel d'avancer, de progresser, d'évoluer... « J'ai la sensation pénible de tourner en rond. » Et le corps supporte mal cette entrave à sa liberté de mouvement ; ni la stagnation, ni la sclérose ne lui sont bénéfiques. Il en résulte un ralentissement qui va parfois jusqu'au blocage : tel un mouvement d'horloge qui, faute d'être remonté à temps, finit par s'arrêter, nous sommes progressivement envahis par un tel état d'inertie qu'il nous faut alors une force décuplée pour retrouver notre mouvement antérieur.

Mais faut-il toujours attendre que notre corps, par les douleurs qui sont les siennes, nous fasse découvrir notre incapacité à supporter plus longtemps une situation, et nous oblige à réagir en conséquence ? « Un jour, je me suis réveillé, et j'ai réalisé que je ne pouvais plus continuer à vivre comme je le faisais. Je m'étais enfermé dans une image de moi-même qui ne me correspondait plus. J'avais grossi, je me sentais fatigué en permanence, je ne réagissais plus à rien, je sentais mon corps mou et inconsistant... à l'image de mon comportement dans la vie ! Alors j'ai décidé enfin de réagir, de voir ce qui ne fonctionnait plus dans mon mode de vie. »

Il semble qu'en dehors de ces hurlements que donne à entendre notre corps, et qui ne laissent plus guère la possibilité de faire la sourde oreille, nous serions tout naturellement enclins à poursuivre une route dont nous connaissons pourtant toutes les imperfections. Comme s'il nous fallait, pleins de douleurs, atteindre ce point de non-retour où nous n'avons plus d'autre choix que de comprendre ce qui nous maintient ainsi dans une position de dépendance : dépendance non vis-à-vis des autres mais vis-à-vis de nous-mêmes, de certaines forces obscures qu'il nous faut mettre au jour pour nous en libérer.

« J'ai l'impression que mes douleurs sont le prix à payer pour mon passage. » Notre angoisse, ou toute douleur susceptible de nous rendre la vie désormais insupportable, est malheureusement nécessaire pour pouvoir entreprendre une remise en question de notre mode de vie. Au moment où nous considérons n'avoir plus rien à perdre, parce que des événements viennent bouleverser notre vie, ou qu'un état de mal-être exige à brève échéance la résolution d'une souffrance devenue intolérable, nous ne craignons plus de faire tout ce qui est en notre pouvoir pour nous libérer d'une situation désormais invivable.

La re-création

Nous serait-il possible de reconstruire des fondations solides sans détruire au préalable celles dont nous ne connaissons que trop la fragilité ? Est-il quelque transformation que ce soit qui ne passe pas par une profonde remise en question de ce qui constitue notre mode de fonctionnement ?

Cette transformation, qu'elle soit l'effet de l'expérience, de la maturité, ou d'un travail analytique, est souvent vécue dans un premier temps sur un mode dépressif : avant de pouvoir nous réjouir de notre renaissance, nous restons fixés sur tout ce que nous pourrions perdre, sécurité, plaisirs acquis, et même certaines peines qui nous tiennent toujours à cœur... Comme si nous avions encore une partie de notre corps tournée vers l'arrière, nous ne voulons pas lâcher prise avec le passé ; et par conséquent nous sommes incapables dans ces conditions d'affronter avec force et optimisme un avenir dont nous ignorons tout des plaisirs potentiels.

« Je ne me sens ni bien, ni mal, mais je ne me reconnais plus, et je ne sais plus où je vais... comme si j'étais entre deux eaux... » « Je sais que je ne peux plus me comporter comme avant, mais je ne connais pas encore le mode d'emploi pour me comporter autrement. » Passage à vide, lieu de transit, espace indéfini : nous ne savons plus qui nous sommes. Nous quittons des vieux vêtements pour lesquels, même si nous les savons maintenant hors d'usage, nous éprouvons encore une certaine tendresse ; et dans l'attente de trouver ceux qui pourraient mieux nous convenir, nous avons la sensation d'être... tout nus !

Qu'allons-nous devenir si nous-mêmes ne nous reconnaissons plus ? Comment imaginer être bien dans la peau d'un individu qui nous est encore étranger ? Et en devenant un autre, qu'adviendra-t-il de nous dans notre vie future ? « Si je perdais mes angoisses, je ne saurais plus de quoi me nourrir ; je me sentirais complètement démunie. C'est pourquoi je n'ai pas vraiment pris la décision d'aller mieux. »

Au moins nous étions-nous accoutumés à nos petits travers comme aux reproches, toujours les mêmes, qui nous étaient adressés. « Dès que je me retrouve dans une situation qui réveille mon sentiment d'infériorité, je me sens très mal. Et pourtant j'ai l'impression que si je ne me sentais plus ainsi, je perdrais mon identité. Au moins, cette image de moi, je la connais ; et même si elle ne me satisfait pas, j'y trouve un certain confort. » « Cette partie de moi que je ne peux modifier et qui me déplaît, j'ai fini par la connaître et l'accepter. Je sens que mon désir de changement reste très superficiel : je veux et je ne veux pas. Et si je finis un jour par changer, je sais que ce sera certainement malgré moi. »

Le type de relation que nous entretenons avec les autres est si complexe et remonte à si loin dans notre enfance, qu'il ne nous est guère facile de nous en séparer. Nous y avons été peu à peu conditionnés sans nous en rendre compte : notre comportement est le résultat d'une lutte acharnée pour nous défendre de douleurs auxquelles nous ne comprenions rien, pour résoudre des conflits dont nous n'avions pas toujours conscience. Comme une plante qui s'oriente instinctivement vers la seule source de lumière qu'elle peut rencontrer, nous avons peu à peu adapté notre comportement aux seules possibilités de survie qui nous étaient offertes.

Nous avons par conséquent appris à connaître certaines situations génératrices d'angoisse, et pris l'habitude d'adopter vis-à-vis d'elles des attitudes de fuite. Mais s'il a pu être bénéfique pour nous d'être à l'écoute de nos peurs pour ne pas nous mettre à nouveau en situation de souffrance, il est malheureusement un temps où nous subissons les conséquences de nos propres mécanismes de défense.

« Moi, j'ai horreur du rapport de force ; si je dois lutter pour imposer de force mes idées et mes volontés, je le paie très cher dans mon corps : je tremble ensuite comme une feuille, et j'ai l'impression que je vais m'évanouir. C'est pourquoi j'ai souvent renoncé à me battre... Mais maintenant, je m'aperçois que cela me rend encore plus malade d'avoir à subir ce que les autres m'imposent, que de les affronter. »

Par incapacité, face à une contrariété ou un désaccord, de provoquer une discussion ou éventuellement une rupture, certains s'enferment peu à peu dans le silence ; un silence utile pour se protéger d'un affrontement impossible, mais qui les a contraints à retenir sans cesse leurs élans naturels. Dans l'illusion d'être ainsi protégés dans leur tour d'ivoire, ils sont devenus incapables d'une communication véritable, et ils souffrent finalement d'un profond sentiment de solitude : cette volonté de passer inaperçus pour éviter tout conflit n'a fait que les isoler toujours davantage du monde extérieur.

Dans le cas contraire, ceux qui sont toujours obsédés par le besoin de défendre la légitimité de leur point de vue, ou qui n'ont la sensation d'exister que dans un défi permanent, toujours prêts à mordre ou à cogner ceux qui osent revendiquer une opinion différente de la leur, ont un besoin tel d'avoir toujours réponse à tout qu'ils rendent également leurs relations avec les autres de plus en plus difficiles.

Ils sont là dans un rapport de force permanent, où seule leur importe la reconnaissance par autrui de leur pouvoir et de leur savoir. Et leur intolérance est telle qu'elle a pour conséquence un éloignement de la part des autres qui ne voient dans leur attitude qu'incompréhension et même négation de ce qu'ils sont. Loin de trouver là encore toute la sérénité et le calme qu'ils auraient pu espérer, ils se retrouvent face à d'autres angoisses parfois plus insupportables encore que celles qu'ils voulaient éviter.

Toute attitude de fuite destinée à éviter la souffrance est toujours susceptible d'en créer une autre. Et toutes les

conduites d'évitement peuvent aboutir à ce qu'un jour...
on évite finalement de vivre. Le corps impose de telles
souffrances répétitives, avec une fréquence et une intensité telles qu'elles empêchent effectivement de vivre. « J'ai
toujours vécu masques sur masques, faux-fuyants sur
faux-fuyants, je ne sais pas ce que c'est que de fonctionner à découvert. L'insatisfaction qui en résulte, je la vis
maintenant au quotidien dans mon corps, par toutes sortes
de malaises qui me rendent la vie impossible. »

Un mode de relation à l'autre qui semblait convenir
dans un premier temps, par confort plus que par choix,
par habitude plus que par plaisir, est devenu insupportable. Les attitudes défensives ne remplissent plus leur fonction : le petit monde que chacun de nous s'était construit,
bien à l'abri des affects dangereux, n'assure plus la pro-
tection voulue.

Bien au contraire l'angoisse, sans cesse réactualisée par
tout ce que l'on s'empêche de vivre, oblige à remettre en
question son comportement. Nous constatons avec douleur que telle réalisation si ardemment souhaitée est une
fois de plus vouée à l'échec. Nous ressentons un manque
à être, un manque à vivre : il semble que le sort se soit
injustement dirigé contre nous, et notre corps tout entier
exprime sa révolte.

Notre vie s'éloigne trop de ce que nous sommes en droit
d'en attendre, aussi bien dans ce que nous avons provoqué, le plus souvent à nos dépens et bien à regret, que
dans ce que nous n'avons pas su créer, alors que tel était
notre vœu le plus cher. Comment, dans ces conditions,
pourrions-nous ne pas nous interroger sur les raisons qui
nous rendent si difficile à vivre ce qui semble aux autres
si facile ? Comment ne pas tout faire alors pour percer ce
mystère et défier ce qui nous semble être un destin malheureux ?

196

Il semble que deux forces s'opposent à l'intérieur de nous, deux forces dont l'une s'ingénie à détruire ce que l'autre tente de construire, et nous pousse malgré nous à perpétuer un comportement que nous sommes les premiers à réprouver. « Je ne me comprends pas ; je ne comprends pas. Pourquoi suis-je assez stupide pour continuer à voir quelqu'un dont je sais pertinemment qu'il ne me fait que du mal. Je ne sais même pas ce qui m'attire en lui... mais je sais que cette attirance correspond à quelque chose que je déteste en moi. » « Je m'écoute parler et raconter n'importe quoi ; et je me rends bien compte que je donne ainsi une image très négative de moi, mais je ne peux faire autrement. Je me demande même si je ne fais pas exprès de m'abaisser aux yeux des autres ! »

Pourquoi cette difficulté à abandonner certaines pulsions autodestructrices ? En devenant un autre, que craint-on de perdre de si précieux que l'on soit amené à répéter les mêmes comportements absurdes ? En se donnant le droit de vivre ce que l'on désire vivre, en s'accordant des plaisirs jusque-là inconnus, quels sont ces interdits que l'on croit transgresser ? Un instant de bonheur, pense-t-on avoir à le payer ultérieurement ? « J'ai peur de me réjouir trop tôt de ma guérison ; comme si j'allais devoir payer d'une manière ou d'une autre ce que je gagne en n'étant plus souffrant. » « J'ai la sensation de ne pas avoir le droit d'être heureuse. Comme si j'avais fait quelque chose de mal et que je devais en être punie toute ma vie ; punie de quoi, je l'ignore. »

Cette force maléfique qui maintient dans un état de souffrance est le plus souvent le fruit d'une culpabilité qui donne à voir comme impossible ce qui est justement le plus désiré. « Je ne peux pas... C'est impossible... » Où se situe cet impossible ? Quel est ce frein que l'on met soi-même à la réalisation de ses projets ? Quelle est cette impuissance à vivre que l'on semble porter comme une fatalité implacable ?

Même ceux qui ont de très bonnes raisons pour justifier à leurs propres yeux les frustrations qu'ils s'imposent, ne mettent pas en avant les vraies raisons : il est des impossibilités plus profondes dont ils n'ont pas conscience, mais qui constituent cependant un handicap permanent dans leur vie quotidienne.

« Je sais très bien ce qu'il faudrait faire pour obtenir davantage de satisfactions aussi bien dans ma vie affective que dans ma vie professionnelle, mais je ne sais pour quelles raisons, quand se profile enfin à l'horizon la réalisation de ce que j'ai si longtemps désiré, au lieu de m'en réjouir, je prends la fuite. » Ils ignorent pourquoi ils se refusent certains plaisirs, compte tenu de la force de leur désir ; mais ils ne peuvent que constater toutes les peurs qui se réveillent à l'idée de rendre possible ce qu'ils ont toujours cru impossible.

Ils se sentent débordés par ce corps envahi de sensations inconnues et qui résiste par des tensions multiples à tout changement dans leur vie. Une sensation d'angoisse, d'autant plus inacceptable qu'elle est incompréhensible, les étreint au moment même où il leur faut prendre leur vie en main, où ils ont enfin décidé de s'engager durablement dans une relation affective, ou d'investir un domaine qui leur est particulièrement cher.

Ce qui devrait les rendre si heureux provoque au contraire une sensation de malaise. « Maintenant que j'ai terminé mes études et que j'ai décidé de vivre avec mon ami, je n'arrête pas de pleurer. Je m'entends très bien avec lui, j'adore mon métier, je sais que tout est positif, mais c'est comme si je n'étais pas certaine d'avoir droit à ce bonheur. Je repense sans cesse au couple de mes parents, à leur séparation, à ma mère qui est seule et déprimée, à tous les deux qui ne savent parler l'un de l'autre que de façon négative... »

Soudain émergent des liens de l'enfance dont l'importance s'impose à nous par les limites et les freins qu'ils opposent à notre évolution. Toute union réveille celle qui a pu exister entre nos parents, comme toute attente d'un enfant évoque celle que nos parents ont pu avoir nous concernant. « J'ai des rapports très ambivalents avec ma grossesse. Je sens que je pourrais m'en réjouir, mais je revois trop le regard dévalorisant de mon père sur des formes trop féminines ; j'entends les propos désagréables qui, tels que ma mère me les a rapportés, s'adressaient à elle quand elle était enceinte. »

Ces souvenirs, ou pour le moins tout ce que nous avons pu ressentir dans notre enfance, nous reviennent en mémoire avec force et nous empêchent sinon de réussir ce que nous voulons entreprendre, au moins de le vivre avec autant de sérénité que nous l'aurions souhaité. « Maintenant, j'ai envie d'être heureuse, de me donner toutes les possibilités de l'être, mais j'ai la sensation de ne pas en avoir la force, et même qu'une force contraire m'en empêche. Je ne sais où me tourner pour être encouragée. J'ai besoin de repères, d'une réassurance et je sais que je ne peux pas compter sur mes parents ; au contraire, j'ai presque l'impression qu'il faut que je lutte contre eux pour imposer mon bonheur. »

Nous aurions espéré des signes d'encouragement à notre nouvelle vie ; mais le plus souvent il nous faut lutter pour l'imposer, dépasser ce que nous ressentons de la part de notre entourage comme étant une force contraire à la réalisation de notre désir. « Je vois bien que ma mère n'est pas vraiment heureuse que je me marie ; même si elle prétend le contraire, elle a tellement de phrases négatives concernant le choix que j'ai fait et ce qu'elle décrit comme étant ma vie future, que je ne peux pas ne pas le sentir. Et je lui en veux de ne pas m'accompagner dans mon bonheur. »

Nous réalisons que nous ne sommes pas aussi libres que nous le pensions ; même si nous sommes en apparence disponibles, nous portons, collé à nous et plus encombrant qu'il n'y paraît de prime abord, un lien bien particulier à l'autre, un lien apparenté à celui qui nous unit à notre mère ou à notre père, un lien qui nous empêche d'avancer comme nous le voudrions.

Un lien qui peut être tellement idéalisé qu'il ne supporte ni comparaison ni partage d'aucune sorte... ou encore porteur de culpabilité en cas de rupture... « J'ai l'impression que ma mère ne m'a jamais donné le droit, la permission d'avoir un enfant. Elle veut que je reste liée à elle pour toujours, un lien privilégié qui exclut toute autre relation, et j'ai la sensation de l'abandonner en rompant ce lien. »

Des contrats implicites, dont nous n'avions pas jusquelà soupçonné l'importance semblent nous interdire l'accès à d'autres engagements. Nous pouvons ainsi nous sentir coupables de ne plus vouloir jouer un rôle de soutien vis-à-vis de l'un de nos parents, de ne plus assurer la fonction de remplacement qui était la nôtre en cas d'absence de l'un d'entre eux, de ne plus assurer l'exclusivité que ces derniers se sentaient encore en droit d'attendre de nous, ou encore d'oser revendiquer un statut plus valorisant que celui qui nous a toujours été octroyé...

Et c'est ainsi que certaines femmes ne se donnent pas le droit de vivre ce que leurs mères n'ont pas vécu... « Je sais que ma mère n'est pas heureuse dans sa vie de femme et qu'elle a l'impression, maintenant que je veux vivre ma vie, que je la laisse tomber ; c'est comme si je me sentais coupable de réussir là où elle a échoué. » « Dans ma difficulté à tomber enceinte, je souffre de ne pas avoir le droit d'être une femme comme les autres. Mais par l'intermédiaire de cette souffrance, je paie une culpabilité : celle d'avoir voulu être différente de ma mère, celle de ne pas l'aimer comme il faut, celle de ne pas être une bonne fille. Je paie de cette culpabilité avec mon corps, avec ma vie. Si je ne la reconnais pas comme une bonne mère, ai-je le droit, moi, d'être une bonne mère ? Ai-je le droit d'être mère, tout court ? Ce chemin de croix, c'est l'accession à ma liberté, à ma libération face à cette culpabilité. »

Cette culpabilité peut resurgir avec d'autant plus de force que la mère ou le père donnent les signes d'un mal de vivre dont on se sent, même si c'est à tort, responsable. Et comment en effet pourrions-nous être bien si nous ne sommes capables que de décevoir et de faire du mal, si notre comportement ne correspond en rien à l'image idéale d'homme ou de femme que nos parents attendent de nous ? « Je ne me sens pas capable d'être un bon mari. Aux yeux de mon père, je n'étais pas vraiment un homme : je m'intéressais à la littérature, à la poésie, à la musique, alors que pour lui j'aurais dû faire du sport, être beaucoup plus fort physiquement, avoir des intérêts plus concrets, plus matériels. »

Ces peurs multiples de ne pas être à la hauteur, de ne pas être aimables tels que nous sommes, avatars de tous les regards du passé encore trop présents en nous, nous empêchent non seulement de choisir librement ce qui est bon pour nous, mais de nous donner les moyens nécessaires pour l'obtenir. « J'ai peur qu'un homme ne puisse pas m'apprécier autrement que pour mon physique. L'image de moi qui m'était renvoyée dans ma famille était celle d'une femme légère et superficielle. Convaincue de l'être, j'ai toujours craint qu'un homme qui me connaîtrait mieux s'en aperçoive ; et cette peur fait que tout en ayant envie de m'engager, je fais également tout pour que ce ne soit pas possible. »

Il est difficile de se libérer totalement de certains complexes, plus inhibiteurs encore que toutes les limites qui sont imposées de l'extérieur : « J'ai toujours eu la sensation, compte tenu de mon éducation, qu'il y avait un monde qui était pour les autres, et qui n'était pas pour moi. Et même si je me dis maintenant que cela est stupide, je n'arrive pas à me débarrasser de mon inhibition dès que je veux m'intégrer dans un milieu que je considère comme n'étant pas le mien.»

En refusant désormais d'être celui ou celle qu'il faut être pour donner à ses parents entière satisfaction, en même temps que nous faisons un pas dans le sens de notre liberté, nous prenons encore plus conscience de ce qui jusque-là nous enchaînait à eux. Nous portions d'une certaine façon leur douleur de vivre, à la fois par amour pour eux mais aussi par une sorte d'osmose aussi subtile qu'imperceptible ; et cette douleur, nous allons la reconnaître au moment où nous prendrons justement la décision de nous en détacher, condition indispensable pour construire notre bonheur, pour commencer notre vie d'adulte.

Mais, tout en étant désireux de transformer ces liens qui nous tiennent prisonniers de notre passé, nous ne pouvons effectuer ce passage sans heurt ni sans douleur : le fait de perdre le statut de l'enfant vis-à-vis de nos parents exige de nous certains renoncements. Et nous ne sommes pas certains d'avoir le droit de suivre notre chemin, de nous écarter de certaines orientations dont on nous a fait entendre qu'elles devaient être les nôtres, de nous libérer des attentes qui nous accompagnent depuis toujours ; nous ne sommes pas sûrs d'avoir la permission d'être heureux... comme nous avons choisi de l'être.

Il faut expulser de nous tous les fantômes du passé ; sinon, la tête toujours pleine de bruits et de fureur, submergés par d'autres douleurs, d'autres désirs, d'autres pensées que les nôtres, nous ne sommes occupés qu'à calmer des vieilles douleurs, et nous ne sommes pas dans l'état d'esprit propice pour choisir librement ce qui répond à notre désir.

Deviens qui tu es

« Finalement je ne fais jamais les choses pour moi, je les fais par rapport à quelqu'un d'autre. Et comme cet autre toujours présent dans ma tête n'est jamais satisfait, alors je suis sans cesse découragée, et j'ai du mal à m'investir dans ce que je fais. Je ne fonctionne que par rapport à un "tu" : "tu es, ou tu n'es pas..." Je ne suis pas passée au stade du "je" : "je suis responsable de ma vie", "je suis responsable de mes choix", "je m'engage dans la vie que je choisis pour moi". »

N'avons-nous pas la sensation que les actes décisifs de notre vie se sont faits le plus souvent malgré nous ? Nous nous sommes laissé emporter dans des choix qui n'étaient pas les nôtres, comme si nous n'étions que le jouet du bon vouloir d'autrui, dépendants de ces aléas capricieux qui font tourner la roue dans un sens ou dans un autre. Et nous avons cru bon de n'accorder de valeur qu'à ce que nous imaginions être le désir des autres, ces autres qui, par principe, savent toujours mieux penser que nous.

Or ces autres aux visages multiples, et aux opinions par conséquent le plus souvent divergentes, peuvent nous entraîner dans un tourbillon de décisions contradictoires... qui nous font mal à la tête. Comment déceler dans ce brouhaha confus de valeurs antinomiques, ce qui est bien de ce qui ne l'est pas, ce qu'il faut faire de ce qu'il faut refuser ? « Je suis en permanence dans le doute et cela me donne la nausée. »

Comme si nous jouions à colin-maillard, nous sommes, les yeux bandés, repoussés de main en main, le corps ballotté de désirs multiples mais dont aucun ne peut prendre forme par l'effet même de leur coexistence. « J'ai l'impression d'avoir un corps à plusieurs têtes... Je ne sais jamais si je suis là où je dois être, et je crois même être toujours ailleurs qu'à l'endroit où je suis. »

Que faire ? Que choisir ? Où se diriger dans cet univers flou d'une réalité transformée par le regard des autres ? « Dès que j'ai une décision à prendre, j'imagine tous les avis contradictoires que je pourrais entendre, et je suis déjà désespéré à l'idée des erreurs que je risque de commettre. » Comment saisir l'évidence d'une décision juste parmi toutes ces influences parasites ? Comment entendre sa propre voix ?

« Je ne sais pas qui je suis, comment pourrais-je savoir ce que je veux. » Dans la méconnaissance d'eux-mêmes, certains restent alors dans l'« à peu près », le « en attendant... », le « pourquoi pas ? »... Et cette approche approximative de tout ce qui pourrait les satisfaire leur procure un état de malaise plus ou moins permanent : « Je me lance à corps perdu dans des aventures, à cœur perdu, je pourrais dire... Je ne fais aucun choix définitif, que des choix relatifs... je sais que cela n'aboutira à rien de durable, mais cette notion de provisoire me donne la sensation que j'ai toute la vie devant moi. »

Incapables de mettre fin par des choix décisifs aux rêves qui ont si longtemps peuplé leur enfance, ils remettent à plus tard la concrétisation d'un bonheur possible. Ils sont encore trop imprégnés d'une notion d'absolu pour renoncer à ce qu'ils imaginaient être une relation idéale et ils refusent ainsi des compromis qu'ils jugent inacceptables. « J'ai toujours soif d'absolu ; je refuse toute compromission. »

Mais s'il est vrai que tout choix est un sacrifice... et que toute décision peut être à l'origine d'un regret potentiel, ce refus de vivre ce qui est en deçà de notre idéal risque, s'il laisse intacts nos rêves, de nous rendre à jamais incapables de leur donner vie. Dans cette loi du tout ou rien, dans cette attente d'une perfection qui viendrait de l'extérieur, et non des conséquences d'une évolution qui est la nôtre, nous agissons comme si nous n'étions en rien responsables de notre vie, comme si nous n'étions que l'objet passif d'un destin que nous espérons toujours meilleur.

Ceux qui, parce qu'ils se sentent incapables d'affronter la moindre déception potentielle, excluent d'emblée l'idée d'une remise en question ou d'un perfectionnement pouvant aboutir à une réussite ultérieure, s'enferment peu à peu dans une logique de l'échec : ils préfèrent la position de l'attente, avec son éventail de possibilités toujours ouvert à l'infini, à ce qu'une réalité, même si elle peut être source de plaisirs, vient leur imposer comme limites trop définies.

Ils perpétuent ainsi une insatisfaction qui devient telle

que rien désormais ne peut venir la combler. Aucune nourriture ne leur apporte un sentiment de satiété, aucune activité ne les remplit d'aise ou de joie, aucune relation n'est à la mesure de ce qu'ils en attendent. Et leur demande vis-à-vis de l'autre est si importante... qu'ils sont confrontés à une sensation de manque de plus en plus douloureuse.

Il leur faudrait tellement tout avoir, qu'ils font finalement en sorte de ne rien avoir. Et plus la relation qu'ils désirent doit être fusionnelle, plus ils remettent à plus tard un engagement qui, par le fait même de leur exigence, ne risque justement que de leur apporter des déceptions.

Autre moitié de cet hermaphrodite coupé en deux dans la nuit des temps, miroir parfait ou complémentarité, ils aimeraient que l'autre apporte une réponse à toutes leurs interrogations, une réparation magique à toutes leurs douleurs passées et présentes ; ils voudraient que celui-ci fasse d'eux l'homme ou la femme enfin reconnus dans sa virilité ou sa féminité, les aidant à retrouver l'unité d'un corps morcelé dans les regards multiples qui leur ont été renvoyés.

Comment dans ces conditions pourraient-ils se satisfaire d'un autre dont certains comportements leur sont étrangers, et qui dans le regard qu'il leur porte leur donne parfois la sensation d'être très différents de ce qu'ils sont ? Comment ne pas fuir alors celui dont ils voudraient tant qu'il soit justement... ce qu'il n'est pas ?

« Maintenant je comprends pourquoi je n'arrivais jamais à être bien avec l'homme que je croyais avoir choisi : ce n'était pas lui que j'aimais, mais ce qu'il aurait dû être. J'aurais voulu, comme dans mes rêves, qu'il m'aime totalement ; alors, dès que j'avais la sensation qu'il s'éloignait un peu de moi, je faisais tout pour faire échouer la relation. » Ils sont restés fidèles à cette part secrète d'eux qui attend toujours... ce qui est justement impossible.

Et progressivement cette inlassable plainte de ce qui n'est pas donné à vivre devient une justification aux limites d'une réalité impossible. N'étant pas responsable de ses échecs, comment pourrait-on être à même d'y remédier ? « Si on m'avait aidé... » Plein de rancune pour tous ceux qui n'ont pas su leur donner ce qu'ils étaient en droit d'en attendre, qui n'ont pas su les aimer comme ils auraient dû l'être, ils partent de cet a priori que rien n'est possible, et vivent avec fatalité un monde où le bonheur leur est interdit. « Je pense que je serai toujours déprimée, comme ma mère. »

Et parfois, certains trouvent le moyen de minimiser leur malheur en constatant... que les autres ne sont pas mieux lotis qu'eux ! Ils croient trouver leur force dans des failles qu'ils sont toujours à l'affût de découvrir chez les autres. « Je me défends en voyant tout ce qui ne va pas chez les autres. Je sais que c'est une bien piètre consolation, mais ainsi j'arrête au moins un temps de m'en vouloir pour tout ce que je ne fais pas ! »

Ils ne sont pas dupes cependant de ce qu'ils s'empêchent de vivre et ils finissent par se détester, convaincus de n'être bons à rien, accablés sous le poids des reproches qu'ils se font sans cesse à eux-mêmes. « Je suis vraiment trop nul... » est une phrase qui accompagne la plupart de leurs actes, image négative d'eux-mêmes qui leur colle à la peau, interdisant ainsi tout sentiment de bien-être.

Et dans cette course vers un plaisir inaccessible, vers l'accalmie d'une angoisse toujours plus envahissante, ils fuient le face-à-face avec eux-mêmes en courant vers des destinations toujours différentes, ou par le biais d'une

hyperactivité qui les éloigne encore davantage de la sérénité espérée.

Mais toute décision consécutive à une attitude de fuite,
et non à un engagement volontaire, ne peut que laisser en
proie à la douleur du doute. Et ce doute vient scander
périodiquement le quotidien tel un refrain lancinant, doute
chargé de toute la culpabilité de n'avoir, encore une fois,
pas su faire ce qu'il aurait fallu faire. « Rien n'est pire que
de se sentir à moitié investi dans une relation. Dès que je
me réveille, je suis pris de dégoût pour ce que je vis, et
j'ai envie de vomir. »
Si nous sommes incapables de nous engager totalement
dans quelque acte que ce soit, nous ne pouvons que difficilement y trouver une sensation de détente... « Je suis
toujours le cul entre deux chaises ; je suis incapable de me
sentir bien où que ce soit. » Jamais convaincus quant à
la légitimité de nos choix, nous restons en marge de la vie,
dans la situation équivalente à celle d'un passager en transit qui n'oserait jamais rien entreprendre... puisque c'est
provisoire.
Or nous supportons mal l'idée d'avoir été entraînés là
où nous n'avons pas envie d'être, surtout si nous avons
la sensation d'être sans cesse ballottés entre plusieurs destinations dont aucune ne semble convenir... Épuisés, le
corps vidé de sa substance, il devient de plus en plus difficile de savoir où se situe notre désir...
« Quand je suis mal, rien n'est plus pénible pour moi
que de faire des choix ; j'ai l'impression que de toutes les
façons ce ne sera pas le bon. » Certains sont enfermés
dans cette boucle sans fin où leur sentiment d'insatisfaction rend impossible la moindre prise de décision...
laquelle indécision ne fait que majorer l'état d'insatisfaction dans lequel ils sont...

De même, ceux qui se refusent à exécuter dans l'immédiat certaines obligations, par crainte d'ajouter à leur inconfort une nouvelle source d'inquiétude, ne font qu'accroître leur malaise par toute la mauvaise conscience que ce retard provoque en eux. « J'ai toujours dans la tête toutes sortes d'obligations que je n'ai pas remplies, et je sais que je me gâche bêtement la vie ; je ne me permets jamais ainsi d'être vraiment bien. »

Si par absence de conviction quant à l'éventualité d'une réussite ultérieure, nous n'affronterons pas certaines difficultés ou contraintes que nous jugeons inutiles, nous nous donnons l'illusion d'une liberté qui n'est en fait que provisoire : « Il est plus facile de naviguer entre deux choix... ainsi, je n'entraîne aucune perturbation dans ma vie actuelle. » Nous ne ne voulons pas prendre de risques, nous ne voyons pas l'intérêt de nous compliquer la vie... mais nos choix, ou le plus souvent ce qui revient à être nos non-choix, ont pour conséquence des conditions de vie qui deviennent très vite insupportables.

Toute liberté n'est-elle pas l'envers d'une forme d'aliénation ? Et choisir sa liberté n'est-ce pas finalement choisir son aliénation ? Existe-t-il quelque engagement que ce soit qui en contrepartie de toutes les satisfactions qu'il apporte n'entraîne pas par ailleurs un certain nombre de contraintes ? Et le seul moyen de les supporter n'est-il pas d'être suffisamment impliqués dans nos choix pour y reconnaître tous les aspects bénéfiques, au lieu de n'y voir que les inconvénients ?

Comment serait-il possible d'avoir la liberté d'aimer et d'être aimé, sans avoir à souffrir parfois d'une certaine dépendance ? Comment pourrait-on obtenir une certaine aisance financière sans s'aliéner à une vie tant soit peu laborieuse et en ce sens contraignante ? Comment jouir de la liberté d'exercer le métier de son choix sans avoir préalablement consacré du temps à un apprentissage de longue durée ou à des études parfois fastidieuses ? Comment découvrir la joie d'avoir des enfants sans en supporter la charge et les soucis ? Comment se permettre de créer sans être sans cesse envahi par de douloureuses remises en question ?

Certains aimeraient vivre l'aventure sans prendre de risques ou encore trouver la sécurité sans avoir à en subir les limites ! « J'ai besoin de jouer, sinon je m'ennuie ; mais je ne supporte pas l'idée de perdre, alors je refrène tout ce qui apporterait un peu de fantaisie dans ma vie. » Si tout désir est accompagné d'un désir qui lui est contraire, on est vite immobilisé dans la non-action. Et l'on n'accumule progressivement que des regrets au lieu d'éprouver, si ce n'est dans l'immédiat, au moins à plus long terme, les fruits éventuels de ses efforts.

Seul le choix délibéré de ce que l'on veut entreprendre peut donner la force d'en supporter les conséquences. « Au moins quand on a pris une décision, et que l'on sait pourquoi on l'a prise, on en supporte beaucoup plus facilement les contrecoups. » Son choix est suffisamment mûri pour que l'on puisse s'y engager corps et âme. On est tout entier dans l'acte et on a alors la sensation de prendre sa vie en main.

« Être adulte, c'est décider sa vie et savoir pourquoi on fait des choix. » « Maintenant, je ne subis plus ma vie, je suis en cohésion avec mes choix. » Une fois dépassée l'étape douloureuse du choix, les questions que l'on se pose ne sont plus les mêmes : ancrées dans une réalité quotidienne, elles font face à des inquiétudes comme à des plaisirs réels. Et l'on sait par expérience combien face à des événements déconcertants et même douloureux, on découvre des capacités d'adaptation dont on se serait cru jusque-là dépourvu.

On ne veut plus être le petit garçon à l'enfance indéfiniment prolongée qui continue à se projeter sur le monde toujours à venir du « quand je serai grand... » On ne veut plus être la petite fille, belle au bois dormant dans l'attente de son prince charmant, qui supplie toute sa vie le ciel de bien vouloir lui apporter ce dont elle a toujours rêvé. Et on ne veut plus, resté l'ombre de soi-même, toujours malade de son passé, être celui ou celle qui, dans la crainte permanente d'être abandonné, ne sait que mendier un peu d'amour et de reconnaissance.

Nous nous donnons enfin le droit d'exiger ce que nous pensons être bon pour nous. Nous nous sommes libérés de ces pensées parasites qui nous empoisonnaient l'existence, telles que « De quoi suis-je capable ? A quoi ai-je droit ? Où est ma place ?.... » Ou encore : « Pourquoi suis-je incompris ? Pourquoi les autres ne sont-ils pas gentils avec moi ?... » laissant derrière nous cette longue plainte monocorde qui ne peut être qu'infructueuse... nous nous permettons d'entendre nos désirs et nous nous donnons ainsi les moyens de les satisfaire. « Avec le temps, je sais davantage ce que je veux et je fais mon possible pour réaliser mes objectifs. »

Nous avons peu à peu appris à nous accepter tels que nous sommes, comme à accepter la réalité telle qu'elle est. Acceptation qui ne signifie en rien résignation et qui n'obéit à aucune forme de complaisance quelle qu'elle soit, mais qui nous donne au contraire la force d'avancer là où il nous faut aller, redoublant d'une énergie jusque-là investie à perte dans des luttes stériles.

211

« Maintenant je n'ai plus le désir de changer mais de m'adapter le mieux possible à ce que j'ai à vivre. Je n'ai plus envie de remettre sans cesse en question ce que je suis ; je crois que j'accepte davantage à la fois mes limites et celles qui me sont imposées de l'extérieur. Ce qui m'intéresse, c'est de vivre mieux, de me rapprocher le plus possible de ce pour quoi je suis fait. »

Dans cette quête de notre route, nous évoluons en suivant le mouvement d'une spirale pour nous rapprocher de notre centre-unité : telle une chrysalide qui se sépare de son cocon pour devenir un papillon, nous éliminons successivement les couches superficielles qui étouffent notre liberté d'action, et nous nous permettons de découvrir qui nous sommes.

Au fil des années, la conscience plus aiguë du temps qui passe nous porte à préférer la qualité à la quantité, comme à fuir la dispersion pour n'accorder désormais de valeur qu'à l'essentiel. Nous prenons garde de ne plus nous noyer dans des douleurs qui n'ont que l'existence que nous voulons bien leur donner, et nous sommes capables d'apprécier les joies et les plaisirs qui nous sont offerts sans y mettre d'autre finalité que le bonheur de l'instant. « J'ai l'impression que maintenant, j'ai tout le temps devant moi pour faire plein de choses. Cela me donne une sensation de calme intérieur. Je cultive comme un jardin ce nouvel état d'esprit. »

Et nous prenons garde de ne plus nous engager dans un combat où l'ennemi-temps possède des atouts contre lesquels il nous est impossible de lutter, de ne plus exiger de notre corps des performances qui ne sont plus de son âge. Certains records sportifs comme toute séduction axée essentiellement sur l'apparence ne peuvent que décliner

avec le temps ; elles deviennent source de désillusions iné-
luctables, nourrissant une amertume qui ne fait qu'empi-
rer. « Renonçons à vouloir ce que nous avons voulu. Pour
ma part, je m'attache à ne pas désirer, vieillard, ce que
je désirais enfant. »

Nous ne sommes plus dans l'attente de ce que nous
pourrions avoir, comme dans le regret de ce que nous
n'avons plus, dans cet état de manque perpétuel qui nous
fait dire trop souvent : « Je ne peux être bien puisque ce
n'est pas ainsi que j'aurais aimé que ce soit ! » Nous nous
sommes libérés de tous ces a priori qui nous ont fait croire
que la vie devait ressembler à des images de rêves, et qui
nous ont par conséquent trop longtemps donné à voir la
nôtre comme celle d'un laissé-pour-compte !

Nos rêves, nous avons décidé de les faire enfin coïnci-
der avec la réalité... Mais encore nous faut-il adapter nos
demandes à ce qu'une réalité peut nous offrir, et ne pas
prendre plaisir à chatouiller nos anciennes blessures,
comme pour en vérifier l'existence, par le réveil de déceptions que nous savons inévitables. De même qu'il ne nous
est pas toujours utile d'aller toucher du doigt nos propres
limites comme celles des autres, en nous confrontant, tel
Don Quichotte, à des défis hors mesure.

Et il faut apprendre à nous satisfaire de ce que cette réalité nous apporte quand elle répond enfin à nos vœux les
plus chers. « Je m'étais fait une fête de cet événement ;
mais je n'arrive pas à trouver le plaisir que j'en escomp-
tais. » Nous en attendions tellement plus ; nous espérions
y trouver un bonheur sans partage, une exaltation des sens
en même temps qu'une paix de l'âme. « Maintenant c'est
là, et je m'aperçois que ce n'est que ça... »

Auparavant si nous ressentions une sensation de manque, elle était acceptable : nous étions dans l'avant d'un bonheur possible, dans cet état où tout reste intact puisque irréel, dans le brouhaha prometteur d'une salle de spectacle avant que ne commence la représentation. « Le meilleur, c'est quand on monte l'escalier »... Mais ensuite, que faire de cet après ? Nous faudra-t-il encore nous battre, et attendre à nouveau ? Pour quoi, pour qui ?

La sensation de manque nous devient dès lors insupportable. Nous subissons les contrecoups d'un tel investissement... nous éprouvons une sensation de vide et une déception comparable à celle que nous éprouvions enfant face à des promesses non tenues. Ne nous avait-on pas fait croire, les parents, l'entourage, la publicité, que le bonheur était à portée de main, qu'après tout irait bien ?

Après un mariage, la naissance d'un enfant, un déménagement, une promotion, la réalisation de certains projets d'importance capitale, ou l'acquisition d'objets de valeur... nous constatons certes que notre vie peut en être améliorée, mais elle ne prend pas pour autant tout son sens. Et si nous avions l'illusion d'un bien-être absolu, nous réalisons avec douleur qu'il ne s'agit que d'un bien-être relatif.

Ne faut-il pas alors chercher en amont pourquoi notre soif d'absolu n'est pas récompensée ? Ne faut-il pas nous demander si notre faim n'est pas excessive au point que nous ne puissions jamais trouver le plaisir escompté, même des mets les plus délicieux qui nous sont offerts ? Ne faut-il pas apprendre à réduire nos attentes, afin de nous satisfaire plus aisément de ce qui nous est donné à vivre ?

Si nous décidons de nous engager totalement dans ce que nous faisons, présents dans chacun de nos actes, concentrés et attentifs, patients et persévérants, nous prenons déjà du plaisir à ce que nous faisons, au moment où nous le faisons ; et si nos pas nous mènent vers une connaissance plus approfondie et de nous-mêmes et du monde dans lequel nous vivons, toujours dans le sens d'un mieux-être et d'un mieux-faire, nous guérirons peu à peu de ces maladies de la pensée qui nous empêchaient jusque-là de vivre.

« Le seul but auquel tendent mes jours et mes nuits, toute mon œuvre, toute ma pensée : en finir avec les erreurs du passé ! Je fais en sorte qu'un seul de mes jours soit comme une vie entière. Et, ma foi, je ne m'en saisis pas comme si c'était effectivement le dernier, non, mais je le regarde tout simplement comme s'il pouvait être le dernier. »

TABLE DES MATIÈRES

1. FRAGMENTS DU DISCOURS SOMATIQUE 13

La pensée qui fait mal..................... 13
La pensée désirante 20

2. LA PENSÉE MALADE DE SON PASSÉ 29

« J'ai plus de souvenirs que si j'avais mille ans » 29
Les balbutiements de la pensée 39
Mise en place d'une structure 49

3. COMPRENDRE SA DOULEUR 59

« J'ai des nausées dans la tête » 59
« Monsieur mon passé, laissez-moi passer » 67
Réagir 79

4. À L'ÉCOUTE DE SON DÉSIR 89

La pensée sous influence.................... 89
La notion de plaisir 95
Se libérer du regard de l'autre sur soi 108

5. L'IMAGE ET LA SENSATION 115

Le monde de l'image 115

La pensée dans l'ici et maintenant 125

6. LE MOI MALADE 137

« J'ai perdu l'usage de moi » 137

La sensation d'exister 143

« Nous sommes solitude » 156

7. LA PENSÉE ÉQUILIBRÉE 165

Une pensée trop sage... ou une pensée trop folle 165

La pensée contrôlée 171

La pensée créatrice 181

8. LA PENSÉE LIBÉRÉE 187

« Partir, c'est mourir un peu » 187

La re-création 192

Deviens qui tu es 203

Achevé d'imprimer le 5 mai 1993
dans les ateliers de Normandie Roto Impression s.a.
61250 Lonrai
pour le compte des Éditions Robert Laffont

N° d'éditeur : 34773
N° d'imprimeur : I3-0973
Dépôt légal : septembre 1992

Imprimé en France